KB243670

명문대가 뽑아주는 대입 면접의 모든 것

명문대가 뽑아주는

대입
면접의
모든 것

명문대가 뽑아주는

대입 면접의 모든 것

박종석 외 지음

이담 Books

머리말

   교육제도의 급변이 어제오늘의 일이 아님을 입시를 담당하고 있는 교사나 학부모, 그리고 당사자인 학생들은 너무나 잘 알고 있다. 특히 내신 관리, 논술, 면접, 수능 준비에 관한 사항은 그들에게 가장 절실한 문제이다. 대학에 진학하는 방법에는 수십 가지의 길이 있는데, 이를 다 알기에는 많은 시간과 노력이 필요하다. 사설 대형학원의 입시 컨설팅과 대교협(한국대학교육협의회)의 자료를 참고하면 도움이 되기도 하지만, 이는 서울 중심권 정보라는 점, 비용이 많이 든다는 점, 상위권 성적에 대한 데이터가 부족하여 상위권 진학 지도에 다소 어려움이 있다는 점에서 한계가 있다. 상위권 데이터가 부족하다는 것은 특목고·자사고의 내신이나 모의고사 성적이 공개되지 않아 일정 부분 정확도가 떨어진다는 의미이다.

   각 대학의 전반적인 입학 시스템을 알려 주는 대학별 입학 요강(要綱)을 잘 활용하는 것도 하나의 방법이다. 하지만 이 또한 원론적인 내용만 제시하는 경우가 많아 실질적인 도움을 얻는 데는 다소 어려움이 있는 것이 사실이다. 원론은 어디에나 있지만, 그 실전의 경험이 전무(全無)한 경우 이를 대체할 실질적인 경험 데이터가 중요하다. 수험생들이 얼마나 실전 경험을 가지는가는 대학 합격의 결정적인 조건이 될 수 있으므로 면접에 관한 실전적인 자료가 필요한 것이다.

   적어도 이 책은 필자가 직접 울산에서 서울을 중심으로 수십 명의 수험생 당사자들을 찾아다니며 면접한 결과를 정리하였기 때문에 실전 면접에 도움이 되리라 자부한다. 수년간 실제 면접에 임한 학생들이 직접 작성한 소중한 정보이기 때문에 더욱 현실감이 있을 것이다. 대학마다, 학과마다 면접의 내용과 방법은 분명히 다르다. 하지만 일반적인 시스템은 반드시 존재한다 그래서 확인한 내용을 정리해서 보여준다면 수험생이나 학부모, 진학교사들에게 도움이 될 것이다.

더불어 이 책은 일반계 고교생이 3년 동안의 교육과정을 통해 대학 진학을 어떻게 준비해야 하는지 그 준비 과정을 실제적으로 보여 주고 있어 대학 진학의 기틀을 잡는 데도 도움이 될 것이다. 나아가 수험생들이 직접 들려준(직접 조사) 대학 진학 경험담을 바탕으로 입시 방향도 점검해 보았다. 참고하면 입시를 준비하는 데 많은 도움이 될 것이라 확신한다.

'절실함은 통한다'는 말이 있다. 대학 진학에서 죽음의 사각 링이라는 '내신-스펙-논술-면접'의 고통을 누구보다도 절감하는 필자들은 수험생들에게 '논술-자기소개서-면접'에 관한 정확한 정보를 제공해 주어야겠다는 책임감에서 『정상으로 통하는 논술』(2007), 『통합교과 논술 100시간』(2008, 공저), 『박종석의 글쓰기 기술』(개정판, 2011), 『대학을 사로잡는 자기소개서, 추천서』(2012, 공저), 『명문대가 뽑아주는 대입 자기소개서, 추천서』(2013, 공저)를 출간한 바 있다. 고맙게도 수험생들로부터 대학 진학에 많은 도움이 되었다는 이야기를 들었다.

이제 주요 입시 정보의 마지막인 '면접'을 정리함으로써 대학 진학에 대한 필자들의 무거운 책임을 조금은 내려놓을 수 있을 것 같다.

2014. 5.

울산에서 박종석

Part 1

대학 진학의 10단계

Part 2

대학 면접, 가기 전의 필수 전략

Part 1
대학 진학의
10단계

01 수시, 내신의 요지경

대학 진학은 내신 성적에서부터 시작된다고 해도 과언이 아닐 것이다. 그리고 수시는 내신 성적으로부터 시작해서 자기소개서(자소서), 학교생활기록부(학생부)에 딸린 비교과 활동, 스펙(specification) 등을 통해 대학에 진학하게 된다. 이미 고교별 등급제가 존재한다는 가정은 어떤 문서로도 확인하기 어려우나, 이에 공감한다는 학부모, 교사, 학교가 많다. 이를 감안하더라도 내신의 중요성은 흔들림이 없는 것이 사실이다. 수시는 면접, 정시는 수능이 중심이 된다. 대학마다 다소 차이가 있기는 하지만, 면접은 적게는 30%에서 100%까지 영향력이 있다. 이처럼 대학 진학에서 중요한 비중을 차지하는 면접과 관련한 기본적인 단계를 정리하면 다음과 같다.

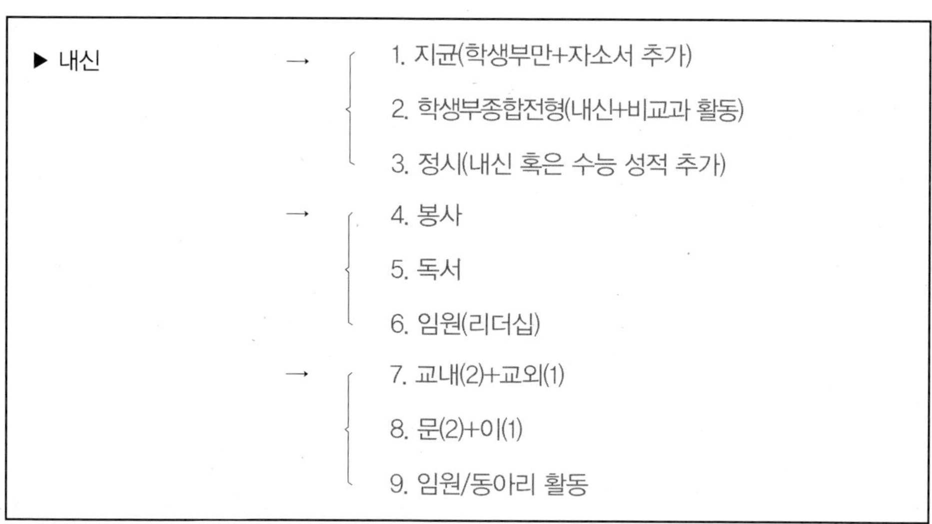

　내신의 중요성은 절대적이다. 서울대 내신의 경우, 학생 정원의 50% 정도가 수능에서 국, 영, 수 1등급을 받는 대원외고(특목고) 내신 6등급/iBT 120(만점)도 불합격하는 사례가 발생한다. 그만큼 수시에서는 내신이 절대적인 영향을 준다. 내신은 학생의 능력과 성실함의 표본이다.

　이처럼 수시에서 중요한 내신 성적은 고정값이다. 이 고정값이 일정한 선에 있으면 이를 바탕으로 하여 서울대 지역균형 선발과 고려대 학교장 추천, 이화여대 고교생활 우수자 학교장 추천 등과 같은 전형에 도전해 볼 필요가 있다. 이 전형이 유리한 점은 일정한 수준에 있는 내신 대상자만이 경쟁 상대이기 때문에 학생부종합전형(입학사정관제), 특기자전형, 일반전형보다는 경쟁률이 높지 않다는 장점이 있다. 물론 수능최저학력 기준이 있으나 정시(표준점수)가 요구하는 정도보다 낮으므로 또한 유리하다. 서울대 지균(지역균형)이 수능 국, 영, 수 각 2등급 수준이고, 수도권 대학은 대개 2등급 2개(수능 과목 합이 대략 4~5인 경우도 있음), 지방 국립대는 과목별 3등급 2개 정도의 수준(대략 수능 과목 합이 5~7인 경우도 있음)이다. 정시에서 지원한 대학을 합격하려면 최저기준의 등급을 상회하기 때문에 수시가 유리하다는 것이다.

　학생부종합전형에서는 내신과 더불어 봉사활동 실적이 중요하다. 따라서 교내 봉사활동 외에도 교외 봉사활동을 하나 정도는 할 필요가 있다. 면접 대상자가 되는 경우, 면접에서 봉사활동의 의미에 대해 질문받게 되면, 교내 봉사활동은 단체 활동이 많으므로 그 의미를 찾기 어려울 수 있으나, 교외 봉사활동은 직접적인 체험활동을 하기 때문에 자연스럽게 답을 할 수 있다. 즉 교외 봉사활동을 통해 얻은 학생의 정신적 성숙도가 면접에서 분명히 자신감을 갖게 할 것이다. 그래서 교내에서 이루어지는 봉사활동보다 교외에서 이루어지는 봉사활동이 더 의미가 있다고 생각한다.

다음은 필자와 공저, 출판한 『대학을 사로잡는 자기소개서, 추천서』(2012 : 한국일보 단독 인터뷰 소개)에 있는 '비교과 활동'에 관한 것이니 참고로 살펴보자.[1]

'비교과 영역'이란 학교 교과 영역 이외 지원자의 다양한 활동 영역을 총칭하는 것이다. 지원자의 정의적인 부분과 함께 학교 교과 성적에는 반영되어 있지 않은 지원자의 인지적인 부분을 평가하는 영역을 말한다. 비교과 영역의 주요 평가 내용은 대인 관계(지도성, 협동성, 사려성), 봉사성, 내적 성숙성(정직성, 책임감, 성실성), 논리력 · 창의력, 기타 교육 환경과 성장환경 등을 포함하는 것으로 지원자를 총체적으로 이해하고 평가하고자 한다.

몇 년 전까지만 해도 수상경력, 진로지도상황, 재량활동, 특별활동, 체험학습, 독서활동을 담은 학생생활기록부의 비교과 영역은 의례적인 기록에 불과했다. 그러나 학생부종합

---

1) 가. 인격적 특성

  – 대인 관계: 대인 관계에서 보는 세부 내용은 지원자의 지도성, 협동성, 사려성이다. 다시 말해 지원자가 다른 사람들과 함께하는 공동체 속에서 어떻게 생각하고 행동했는지를 본다. 다른 사람들과의 관계를 위해, 공동체를 위해 적극적으로 생활하는 모습이 중요하다. 따라서 학급활동에 적극적으로 참여하며 다른 사람들과 함께하는 활동에 참여하면서 느낀 다양한 경험을 제시하는 것이 좋다.

  – 봉사성: 다른 사람들을 위해 자신의 시간과 노력을 아끼지 않고 기꺼이 수고하고 있는지를 본다. 자신의 미래를 위해 준비하는 것도 중요하겠지만, 이 사회에 좋은 영향을 미칠 수 있는 리더가 되기 위해서는 봉사정신을 키우는 것 역시 중요하다. 이를 위해 사회의 여러 부분에 대해 살피고 자신의 관심과 앞으로의 전공 분야 등을 고려하여 봉사활동을 꾸준히 하는 것이 좋다.

  – 내적 성숙성: 내적 성숙성에서 보는 세부 내용은 지원자의 정직성, 책임감, 성실성이다. 평소 올바른 가치관을 가지고 바르게 생활하며, 자신의 삶과 시간에 대해 주인의식을 가지고 열심히 생활하는 모습이 중요하다.

  – 논리력 · 창의력: 교과 성적 외에 다양한 상황 속에서 나타난 지원자의 논리력과 창의력을 본다. 학교 교과시험에서 최선을 다할 뿐 아니라 다양한 수행평가나 과제제출 시 자신의 논리력 또는 창의력을 맘껏 발휘하는 것이 앞으로 대학에서 학문하는 데에도 많은 도움이 될 것이다.

전형이 도입된 뒤에는 그 중요성이 점차 커지고 있다. 대부분 전형에서 지원자의 잠재력과 발전 가능성, 전공과의 적합성을 확인하기 위한 자료로 적극적으로 활용한다.

꼭 대학입학을 위해서가 아니더라도 청소년기를 풍요롭게 보내기 위해 다양한 경험과 자질을 가진 인재로 자신을 제시한다면 좋을 것이다. 미국 등의 주요 선진국에서도 대학신입생 선발 시 동아리활동 경력이나 봉사활동 경험 등 다양한 비교과 활동을 주요 평가 내용으로 삼고 있다. 수시전형 모집에서는 내신 성적과 더불어 비교과 활동도 중요해졌다.

서류심사자들은 "지원자의 잠재력과 발전 가능성, 전공적합성을 어떻게 판단하나?"라는 질문을 자주 받는다. 저마다 기준이 다르겠지만, 기록되어 있지 않은 사실은 평가할 수 없다는 점이 중요하다. 학생부의 비교과 영역은 가장 객관적으로 자신의 장점을 평가받을 수 있는 증거물이다. 그러나 이런 증거물은 한 번에 만들기 힘들다. 학교생활을 하면서 틈틈이 다양한 활동을 해 두어야 한다. 또 하나, 반드시 기록으로 남겨야 한다. 학생부종합전형 합격의 첫걸음이다.

즉 학업 이외의 활동영역에 대한 경험과 자신의 성장과의 연관성을 말할 때 목표를 위해 지금까지 노력한 과정(계발 · 봉사 · 학급 · 체험활동 등)을 곁들이면 좋다. 그 과정에서 얻은 결과, 즉 수상경력(대부분 학교장상)이 있으면 더욱 돋보일 수 있다. 수상경력이 없더라도 작은 일에도 적극적이고 주도적으로 해설하는 내용을 기재하면 좋다. 아울러 자신이 전공하고자 하는 분야에 전문지식과 경험을 가졌는지를 먼저 생각하고 그에 대한 연구 자료를 첨부한다면 더 인상적이다.

독서 영역은 인문, 사회, 과학, 예술 영역에서 단순히 공통 영역으로 바꾸어 기재되지만, 여기에는 한 가지 주의해야 할 점이 있다. 교육 방향이 문 · 이과 융합 쪽으로 가는 추세이기 때문에 학생의 융합적 사고가 필요한 것이 시대의 요청이고, 교육의 방향이다. 그래서 다양한 영역의 독서가 필요하고, 이는 학생으로 하여금 다양한 시각의 사고를 면접관에게 보여 줄 수 있는 자료이기도 하다. 문과 영역과 이과 영역의 적절한 조화를 이룬 독서 기록이 필요하다. 면접관이 이에 대한 질문을 할 경우, 전공 영역 못지않은 융합적 사고를 보여 주는 것도 좋은 면접의 요건이라고 생각한다.

봉사활동의 횟수와 종류는 어느 정도가 적정한지, 또 독서활동의 영역은 어떻게 하면 좋은지에 대해서는 다시 상세하게 다룰 것이다.[2]

학생회 활동은 학생이 교육 현장에서 리더십을 체험할 수 있는 좋은 기회이다. 상위권 대학을 졸업하면 이 사회의 지도층이 된다는 전제에서, 각 대학에서는 리더십을 학생 면접의 중요 요건으로 파악하고, 리더십 활동에 관심을 가지고 있다. 학생회 활동이 아니더라도 구성원을 배려하고 소통하는 능력을 배양하려면 동아리활동에 관심을 가져야 한다. 실제 면접에서 학생이 한 활동의 역할과 그 내용을 질문하기 때문이다.

이와 같은 여건을 갖추지 못한 학생의 경우는 논술과 수능 준비에 몰입하는 것이 현실적으로 대학 합격의 한 방법이다. 그러나 이도 쉬운 것이 아니라는 사실을 알아 두어야 한다. 문과의 경우, 텍스트를 분석하는 시각과 논증적인 글쓰기가 쉽지 않기 때문이다. 물론 이과의 경우도 심화 수학과 탐구 영역의 심도 있는 문항에 대한 해결책을 찾기가 어려운 것 또한 사실이다.

대입전형의 간소화 방향을 놓고 교과부와 입시기관 사이에서 드러난 시각차는 수험생들에게 혼란(混亂)만 가중시키고 있다. 한국대학교육협의회에 따르면, 2014학년도에는 정시(569개 유형/대학별 평균 유형 수 2.65개 유형)와 수시(885개 유형/대

---

2) '비교과 영역에 대한 오해와 진실'

ⓠ: 교과 성적이 아무리 좋아도 비교과 영역이 부실하면 합격하기 어려운가?

ⓐ: 전형에 따라 다를 수 있지만 합격이 쉽지는 않다. 다른 지원자의 내신과 현격하게 차이가 나고 교과 성적이 비교과 영역의 부족함을 압도할 만하다면 가능하다. 그러나 입학사정관전형은 교과 성적뿐만 아니라 다양한 잠재력을 평가하기 때문에 교과 성적만으로 합격하기는 어렵다.

ⓠ: 여러 대회에 나갔어도 수상 실적이 없다면?

ⓐ: 입학사정관전형은 결과보다는 과정 중심의 평가다. 어떤 과정을 거쳤는지를 중요하게 보기 때문에 참여하기까지 노력한 과정이나 그를 통해 얻은 경험이 가치가 있다.

ⓠ: 동아리활동을 열심히 했는데 지원 학과와는 별 관련이 없다면?

ⓐ: 활동을 했다는 사실이 도움이 된다. 입학사정관전형에서는 지원자의 여러 가지 역량을 본다. 다양한 경험을 했는가도 중요한 평가 요소다.

ⓠ: 이과 쪽 학생이 문과 쪽 학과에 지원하면 불리한가?

ⓐ: 성장기 학생은 꿈이 변할 수 있다. 지망 학과를 바꿀 수밖에 없었던 이유를 설득력 있게 제시하면 크게 문제가 되지 않는다(『대학을 사로잡는 자기소개서, 추천서』, 58쪽).

학별 평균 유형 수 4.25개)를 합하여 1,454개(6.76개 대학별 평균) 유형이 있었으나, 2015학년도에는 정시(313개 유형/대학별 평균 유형 수 1.46개 유형)와 수시(579개 유형/대학별 평균 유형 수 2.72개)를 합하여 892개(4.15개 대학별 평균) 유형으로 대략 1/3 정도 줄어든 것으로 보인다. 유형 간소화 방법은 전형요소 반영 비율 통합, 우선선발 폐지, 전형 유형화 등으로 요약할 수 있다(참고: ≪동아일보≫, 김희균 기자).

고려대의 '전형요소 반영 비율 통합'의 경우, 학생부 위주의 전형에서 '1단계: 종합평가 100 → 2단계: 면접 30+1단계 70'을 반영한다. 여기서 면접이 30% 정도 차지한다는 점에서 면접을 소홀히 할 수 없다.

서강대의 '우선선발 폐지'의 경우는 논술 위주 전형에서 '학생부 40+논술 60'으로 정부 방침대로 논술 반영 비율을 줄이고 있다. 2014학년도에는 대개의 대학에서 선택한 우선선발 '학생부 30+논술 70', 일반선발 '학생부 50+논술 50'은 내신 비중이 높았지만, 이를 한 가지로 통합한 것이다.

한국외대의 '전형 유형화'의 경우에는 수시(학생부 위주, 논술 위주, 실기 위주)+정시(수능 위주)와 같이 단순화하고 있다.

대부분의 경우 논술 비중이 줄어든 데 비해 경북대는 논술 전형 100%, 부산대의 경우는 80%를 반영하여 현행 입시제도와 방향을 달리하고 있다. 이는 대학이 전적으로 결정한다는 점에서 눈여겨볼 필요가 있다. 그리고 부산대는 1차 합격에서 면접 대상자 비율이 4배수라는 점도 알아 두어야 할 것이다. 대학과 학과에 따라 이보다 더 많은 면접 대상자를 선발할 수도 있기 때문에 지원 대학의 입학 정보를 대학 게시판에서 반드시 확인할 필요가 있다. 또한 입학처를 통해 변화된 입시 정보를 확인하는 것도 지원 대학에 합격하는 데 도움이 된다.

여기서 유의미(有意味)한 것은 역시 수시가 정시보다 기회가 많다는 점이다. 기회가 많은 수시를 잘 활용하기 위해서는 내신의 숫자가 가지는 의미에 따라 목표 대학을 정해야 하며, 논술 위주가 아니라면 면접의 비중이 어느 정도인지를 잘 따져봐야 한다.

우선, 면접 대상자가 되어야 한다

　내신 성적이 좋으면 자기소개서나 교사 추천서를 쓰지 않더라도 학생부만으로도 면접 대상자가 될 수 있다. 추천서나 자기소개서를 쓸 경우, 그 부담은 매우 크다. 필자의 경험으로 볼 때, 보통 한 개 대학 자기소개서를 쓰는 데 야간자율학습 시간을 마치고 학생 스스로 쓰면 두 달 정도의 시간이 걸리고, 전문가가 돕더라도 한 달 이상의 시간이 필요하다. 이 또한 한참 수능에 대비해야 할 1학기 말이나 여름 방학 때 시간을 투자해야 하므로 수험생들이 안게 되는 부담은 매우 크다. 그나마 교사 추천서는 신뢰도가 높지 않기 때문에 큰 문제가 안 되지만, 자소서는 합격에 직접적인 영향을 미친다. 자소서는 면접의 근간이기 때문에 신경을 많이 써야 한다. 실제로 내신이 다소 부족하더라도 자소서의 내용이 감동을 줄 경우 합격할 수도 있기 때문에 그 중요성은 말할 필요도 없다. 입시가에서는 면접 대상자 가운데 30% 정도는 면접에서 당락이 바뀐다는 이야기가 떠돈다. 그만큼 면접이 중요하다는 의미이다.

　필자가 접한 수험생 중 한 명은 일반고 내신 1.45 정도에 서울대 일반사회교육학과의 면접 대상자가 되었다. 자소서의 위력이었다. 자소서 내용 중, 학생이 가정환경도 힘들고 자신의 건강마저 힘든 상황에서도 학년이 올라갈수록 내신 성적이 올랐으며 어려움을 극복하는 과정에서 정신적으로 많이 성장했다는 다큐멘터리가 한몫했던 것으로 보인다. 따라서 학생이 가진 잠재력을 발휘할 수 있는 면접을 잘할 경우 합격도 가능했을 것으로 예상하였지만, 실제로는 이화여대 사회교육학과에 최종 합격하였다.

　지역균형선발이나 학교장 혹은 학교 추천의 경우와 학생부종합전형은 당연히 스펙에 필요한 봉사활동, 독서활동, 임원활동과 같은 비교과 활동이 필요하다. 그런데 스펙이라기보다는 비교과 활동이라는 말이 더 적절하다고 본다. 사실 스펙이란 개념은 사회적으로 인정되는 높은 수준의 사회적 인정의 의미가 담겨 있기 때문에 학교에서 이루어지는 활동 대부분은 비교과 활동이라고 해야 한다.

독서활동으로 면접을 대비하자

　자기소개서에서 자신을 잘 드러낼 수 있는 또 하나의 항목이 '독서활동'이다. 읽고자 하는 책을 선택할 때 자신의 관심과 독서 이력이 반영되므로 독서는 자신을 드러낼 수 있는 하나의 자화상이라 할 수 있다. 책을 읽은 후 인상 깊은 작품의 내용, 작품을 통해 느끼고 배운 점 등을 기록하는 것이다. 이를 통해 작품을 더 체계적으로 이해하고 책 속 인물과 상황을 통해 변화된 생각을 정리할 수 있다.

　대학입시에 입학사정관제가 도입된 이후 독서교육에 대한 학부모의 관심이 더욱 커졌다. 대입 업무를 주관하는 한국대학교육협의회는 대학에서 서류 면접관이 평가하는 창의적 체험활동의 제1 항목으로 독서활동을 제시했고, 대부분 대학은 독서경험을 자기소개서 항목으로 반영한다. 고교 재학 시절에 어떤 책을 읽어 왔는지가 학생의 적성과 흥미를 보여 주기 때문이다. 자기소개서의 독서활동 기록을 통해 지원자의 사고의 폭과 깊이를 가늠할 수 있고, 지원자의 진로와 관련된 독서활동의 경우 진로에 대한 지속적인 관심 및 진로 개척 의지를 평가할 수 있어 대학에서 선호하는 항목이기도 하다.

　자신의 독서활동을 모두 언급하기보다는 필요한 만큼만 효율적으로 기록해야 한다. 대학이 요구하는 자기소개서 항목에는 분량이 제한되어 있기 때문이다. 그러므로 정해진 분량 내에서 그 책의 특성에 맞게, 또는 지원자의 개성이 가장 효과적으로 드러날 수 있도록 자유롭게 기록하는 것이 훨씬 효과적이라 할 수 있다.

　대부분 대학은 학생부종합전형이나 학생부만을 평가할 때, 비교과 영역이 중요하다. 하지만 대학에 따라서는 비교과 영역을 평가하지 않는 대학도 있다. 가령 **연세대 학교생활 우수자의 경우, '내신(비교과×)'으로만 서류전형을 한다.** 그래서 입학 전형을 꼼꼼히 따져 보아야 한다. 또 입학 전형에 따라서는 각종 스펙 자료를 요구할 수도 있다. 특히 외고, 자사고 수험생들이 유심히 보아야 할 내용 중 하나가 바로 자신의 스펙을 정리하는 일이다. 가령 연대 창의인재 전형에서 1단계 자기소개서, 우수성 입증자료(경제 관련 책 출판/보고서/특허)를 준비할 필요가 있다. 여기에다 면접 대상자인 경우는 창의에세이(예: 치타와 우사인 볼트가 경주할 때 어떤 일이 벌어지겠는가?)를 준비해야 한다.

　"임원은 반드시 해야 하나요? 반장, 부반장, 학생회 임원 같은 것 말이에요!"라고 질문하는 학생들이 있는데, 사실 자기소개서에 이를 기록할 부분이 없는 것은 아니다. 하지만 꼭 해야 하느냐고 묻는다면, 굳이 하지 않아도 다른 방법이 있다고 말하고 싶다.

02 정시, 그 험로

　정시 합격도 힘들기는 마찬가지다. 정시는 기회 면에서나 등급이라는 면에서 수시보다는 조건이 까다로운 것이 사실이다. 2014학년도 수시:정시 비율이 대략 7:3에서 2015학년도에는 대략 6:4 정도로 수시 비율이 다소 줄어들긴 했지만, 여전히 수시 대비 정시의 기회가 확연한 차이가 난다는 것을 알 수 있다. 수시는 단순히 비율이 높다는 것 외에 다양한 전형 방법이 있다는 섬에서 6회 지원 기회 이상의 의미가 있다. 따라서 수시를 적극적으로 활용해야만 한다. 그러나 내신이 부족하다고 판단되면, 당연히 수능 중심의 정시로 방향을 잡아야 한다.

　국립대 이상의 수준을 염두에 두고 있다면, 다음과 같은 필자의 생각을 한번 들어주었으면 한다. 수능 중심의 정시에 중요한 항목은 두가지인데 정리하면 다음과 같다.

　① 수능만(100%)+내신(10~30%, 1~3등급 비슷함)
　② 등급보다 백분위와 표준점수가 중요

　재수생의 수능 등급이 전년도 자신이 받은 수능 등급보다 평균 0.75등급 높다는 것이 한국교육개발연구원의 발표이다. 실제로 필자가 접한 문과 학생의 경우, 내신이 전교 1등인 학생이 서울대 경영학과에 지원하였다가 실패한 후, 재수를 통해 수리 '나'형(본래 수리 '가'형이 문과인데)을 치면 가산점을 받다는 점을 이용하여 경제학과를 지원해서 합격한 반면, 문과에서 2등을 한 학생이 오히려 재수해서 높은 등급을 받아 서울대 경영학과를 지원해서 합격한 사례도 있다. 이처럼 개인의 노력과 선택 과목에 따라 달라질 수도 있지만, 대체로 재수생의 등급의 변화가 긍정적으로 나타난다는 사실이 한국교육개발연구원의 발표이다. 다음은 내신과 수능 성적표를 통해 정시 합격의 어려움을 볼 수 있는 자료이다.

일반계 고교 내신 1.1 정도 학생의 수능 성적표는 다음과 같다.

서울대 경영학과(2013학년도 기준)

| 구분 | 국어 영역 | 수학 영역 | 영어 영역 | 과학탐구 영역 | 제2외국어 | |
		'나'형		국사	한국근현대사	아랍어
표준점수	127	137	141	72	71	79
백분위	99	97	100	98	100	96
등급	1	1	1	1	1	1

일반계 고교 내신 1.25 정도 학생의 수능 성적표는 다음과 같다.

서울대 경제학과(2013학년도 기준)

| 구분 | 국어 영역 | 수학 영역 | 영어 영역 | 과학탐구 영역 | | 제2외국어 |
		'가'형		국사	경제	일본어
표준점수	127	128	141	66	72	66
백분위	99	93	100	89	98	95
등급	1	2	1	2	1	1

관동대 의대(2014학년도 기준-일반고 내신 1.75의 수능 성적표)

구분	국어 영역	수학 영역	영어 영역	과학탐구 영역	
	A	B	B	물리 I	화학 II
표준점수	132	133	133	69	64
백분위	99	97	99	99	92
등급	1	1	1	1	2

다음은 일반고 내신 1.5 정도의 학생이 연세대 전기전자학과에 추가 합격(고신대 의대 합격)한 경우이다. 표준 점수 대신 원점수를 표시하여 상대적으로 학생이 실제 수능 때 받은 점수에 대한 이해를 돕고자 하였다.

구분	국어 영역	수학 영역	영어 영역	과학탐구 영역	
	A	B	B	물리 I	화학 I
원점수	93	100	100	48	46
백분위	92	100	100	99	92
등급	2	1	1	I	2

관동대 의대에 합격한 학생의 경우, 서울대 화공학부에 추가 합격하였다. 이를 통해 서울대 수능 수준과 의대의 수준을 가늠해 볼 수 있다. 그리고 고신대와 연세대의 수능 수준을 가늠할 수 있는 자료이다. 2015학년도에는 의전원의 축소와 함께 의대 입학 정원이 약 1,000명 정도 늘어날 예정이다. 대략 상위 1%인 의대 합격의 경우, 의대 선발 인원의 확대로 대략 1.5% 정도로 떨어질 것으로 보인다. 그리고 대학마다 정원의 4~10% 정도 감축으로 대학 재원의 정부 지원이 연계되어 있기 때문에 입학 정원은 필연적으로 줄어든다는 점도 입시에서 주목해야 할 부분이다.

의대 합격의 경우를 보자. 인제대 의대(2014학년도 기준)의 경우, 비평준화 고교생의 내신이 2.5인데 재수하여 올 1등급, 상위 1%를 받았다. 이 학생의 경우 수시에 한양대, 고려대, 연세대 의대를 지원하였고, 최저 기준 국, 영, 수 1등급(합 3)을 맞추었지만, 논술에서 탈락했다.

Part 2
대학 면접,
가기 전의 필수 전략

수많은 수험생이 내신 관리와 비교과 활동을 어떻게 해야 하는지 모르는 경우가 많다. 그래서 5학기만에 정리되어야 할 학교생활기록부가 수시에서 쓸모가 없는 상황이 되는 경우를 왕왕 목격하면서, 필자는 정말 대학 진학에 필요한 단계를 꼭 전달하고 싶었다. 그래야만 면접 대상자가 되고, 면접 대상자가 되어야 수시에 합격할 가능성도 주어지기 때문이다. 보통의 대학은 다음과 같은 조건에 충족하도록 노력해야 한다. 물론 서울대나 이화여대 같은 경우는 학교장 추천에서 필요한 자료를 요구하기도 한다. 그러나 대개는 그렇지 않기 때문에 충분한 증빙 자료만 검증된다면 별문제 없이 수시를 활용하여 대학을 지원하면 된다.

다음은 대학 진학에 필요한 준비 과정이다. 이를 (1) 내신 관리의 '일삼(1.3)>일오(1.5)>이공(2.0)' 수도권 작전, (2) 봉사활동의 '이 플러스 일(2+1)'의 효율성, (3) 독서 기록 '일 플러스 알파 플러스 베타(1+α+β)'의 융합 방법이라고 명명하여 설명하고자 한다. 이러한 조건을 충족할 때 면접 대상에 가까워질 수 있으므로 반드시 참고할 필요가 있다.

01 내신 관리: '일삼(1.3) > 일오(1.5) > 이공(2.0)' 수도권 작전

거듭 이야기하면, 공교육의 내실화 기치(旗幟) 아래서 내신은 오아시스에 비유할 수 있다. 누구나 아는 1, 2, 3, 4……치럼. 그래서 내신 관리는 절저하게 해 둘 필요가 있다. 내신 관리의 '일삼(1.3)＞일오(1.5)＞이공(2.0) 작전'이란 일반계 고교에서는 내신이 보통 1.3~1.5~2.0 사이에 위치하는 것을 말한다. 수도권 대학(서울대, 고려대, 언세대, 시깅대, 한양내, 이화여대, 중앙대, 한국외국어대, 경희대, 성균관대 등)의 경우, 수시에서 면접 대상자인 3배수 안에 드는 것은 대개 일삼(1.3) 정도이다. 이 밖의 수도권 대학(경희대, 동국대, 단국대, 건국대, 인하대 등)도 면접 대상자 3배수에 드는 경우는 일오(1.5) 정도라는 것이 필자의 판단이다. 그리고 지방 국립대의 경우는 이공(2.0) 정도의 내신 성적이면 가능하다고 본다.

부산대 정치외교학과를 지원한 부산 일반계 고교 여학생 한 명은 내신이 2.44로 4배수의 면접 대상자가 되었다. 면접 중 면접관으로부터 "생활기록부에 '영어 경시대회 우수상'을 받은 기록이 있는데, 영어를 잘할 것으로 판단된다. 조금 전에 면접한 내용을 간단하게 영어로 말해 볼 수 있느냐?"는 질문을 받았다. 수험생은 문법 문제만 범위를 정해서 시험을 보았기 때문에 좋은 성적을 받았다고 솔직하게 말했지만, 결국 불합격 처리되고 말았다. 물론 내신도 문제지만 수험생의 학업에 대한 수준의 정도를 확인하고자 하는 면접관의 태도를 분명하게 인식하고 준비를 해야 할 필요가 있다.

한국교육개발연구원이 발표한 자료를 보면, 고1에서 고3까지의 내신 등급 변화는 15%(2007~2011년 43만 명 분석 결과)였고, 내신 9등급 중 자신의 내신 평균이 2등급이 오른 학생들은 겨우 1.8%뿐이었다. 반대로 2등급 내린 학생은 상대적으로 1.6%였다. 그리고 2학년부터는 성적을 올리기가 더 어렵다는 결과를 내놓았다. 즉 2학년에서 3학년으로 진급할 경우, 2학년 때의 내신의 등급 변화에서는 0.3%이고, 1등급 이상 오른 경우가 5.6% 정도라고 한다. 결국 이러한 통계치가 가지는 의미는 내신의 등급 변화는 어렵다는 것이다.

면접 대상자인 경우, 면접을 어떻게 준비하는 것이 효율적인가? 어떻게 준비해야 합격할 것인가?

수도권 내신(일반계) 1.3~1.5~2.0(지방 국립대)+(=특기, 그야말로 스펙!)

고려대 스케이트 선수 김연아, 연세대 체조 선수 손연재, 단국대 수영 선수 박태환같은 선수는 내신이나 수능으로 대학을 진학한 것이 아니라 특기, 그야말로 스펙으로 대학을 간 것이다. 이와 같은 스펙은 보통 학생이 갖출 수 있는 것이 아니다. 그래서 필자는 이들을 스펙이 있는 선수라 하고, 대개의 학생 활동은 비교과 활동이다. 이를 알고 학교에서 준비할 수 있는 비교과 활동을 유심히 챙겨야 수시에 대비할 수 있다.

한 언론사에서 발표한 자료를 통해 비교과 활동의 중요성을 한번 확인해 보자. 서울 지역 20개 고교 수능 성적 및 진학률을 살펴보면, 수능 성적이 평균 2등급 이상인 학생은 17.9%이지만 이들의 서울대, 연세대, 고려대 합격률은 9.4%(대략 1/2 정도 합격) 정도이다. 그리고 전국 광역시 20개 고교 수능 성적 및 진학률을 살펴보면, 수능 성적이 평균 2등급 이상인 학생은 13.5%이지만 이들의 서울대, 연세대,

고려대 합격률은 4.1% 정도이다.[3] 내신은 곧 지균, 학교장 추천으로 경쟁률이 2~3:1 정도로 일반전형보다 유리하며, 학생부종합전형의 경우도 스펙이 비교적 중요하기 때문에 경쟁률에서 인기 있는 학과보다는 유리하며, 경쟁률이 높아 봐야 10:1 정도이다. 수능과 논술이 수십 대 일의 경쟁률을 보이는 것에 비하면 학생부종합전형을 통해 대학에 진학하는 것이 비교적 좋은 조건이기 때문에 관심을 갖고 준비할 필요가 있다.

---

3) 부산장안제일고: 25.2/7.2, 대구경신고: 27/6.3, 인천 세일고: 13.9/7.1, 광주인성고: 13.6/4.9, 대전대덕고: 17.6/4.9, 울산현대고: 6.7/3.5, 학성고: 5.7/2.9, 삼일여고: 2.0/3.6 → 평균 13.5/4.1(대략 1/3.4 정도 합격해 서울과 울산 격차!) 쉽게 설명하면, 서울은 1~2등급 3명 중 1.5명이 가고(6명/3명), 울산은 1~2등급 3명 중 1명이 간다(6명/2명)는 이야기이다.

02 봉사활동: '2+1'의 다양성

봉사활동은 교내에서 두 가지(이, 2)를 하고, 교외에서는 한 가지(일, 1)를 하는 것이 좋다. 이는 두 가지 이유에서이다. 하나는 과도한 봉사활동 시간으로 인한 학습의 부담 때문이고, 또 하나는 교외 봉사활동에서 경험적 사실을 통해 학생의 내적 성장의 계기를 만들 수 있고 이는 학생부와 자기소개서에 도움이 되기 때문이다.

다음은 동국대학교에 지원한 학생의 자기소개서이다.

> **3. 학교생활 중 배려, 나눔, 협력, 갈등관리 등을 실천한 사례를 들고 그 과정을 통해 배우고 느낀 점을 구체적으로 기술하시오.**
>
> 학급 학생들 사이에는 서로의 생각 차이로 어울리기 어려운 반 친구들이 있습니다. 특히, 학업 문제와 부모님의 무관심으로 마음의 병이 든 친구가 있었는데, 저는 먼저 다가가 친구와 많은 이야기를 나누었습니다. 힘들어하는 친구에게 제가 읽고 희망적인 메시지를 전달받았던 『꿈꾸는 다락방』이라는 책을 읽으라고 한 말이 기억 남습니다. 그 친구는 현재 저와 같은 반에서 열심히 자신의 꿈을 이루기 위해 노력하고 있습니다. 그런 모습을 보고 저의 작은 관심이 긍정적 변화를 가져올 수 있다는 사실을 알았습니다. 또 제가 멘토가 되어 두 명의 멘티와 활동을 하였습니다. 먼저 이 활동을 해야겠다고 생각한 계기가 있습니다. 제가 가상으로라도 선생님 역할을 해 볼 수 있는 좋은 기회라고 생각했습니다. 멘토링을 어떻게 해야 하는지에 대한 정확한

지표가 없었기 때문에 친구들과 의논하여 무엇을 할지를 정했습니다. 멘티가 가장 부족해하는 과목인 수학을 집중적으로 계획을 세워 모르는 문제는 제가 가르칠 미래의 학생이라고 생각하고 최대한 쉽게 이해하도록 가르쳐 주었습니다. 저는 이 활동에서 제가 평소 수학을 푸는 것과 수학을 쉽게 전달하는 것에는 큰 차이가 있다는 것을 느꼈습니다. 중증장애 아이들을 재활치료하는 'ㅇㅇ원'이라는 곳에서 중학교 3학년 때부터 친구들과 함께해 온 '웃음 가족 봉사단'의 활동을 했습니다. 봉사활동을 시작할 무렵, 과연 제가 남에게 도움을 줄 수 있는 의미 있는 봉사활동을 할 수 있을지가 의문이었습니다. 그래도 부딪혀 보자는 마음으로 'ㅇㅇ원'을 찾아가게 되었습니다. 제가 'ㅇㅇ원'에서 맡은 일은 바닥 닦기와 창문 닦기, 그리고 점심시간이 되면 아이들 급식을 보조하는 역할이었습니다. 내가 아닌 남을 위해 무엇인가를 한다는 것이 이렇게 의미 있는 일인지를 알게 되었고, 평소 나를 도와주었던 많은 사람들에게 고마워할 줄 모르고 너무 당연하게 생각해 왔던 나 자신을 한 번쯤 다시 뒤돌아보게 되었습니다.

학생이 실제 봉사활동을 통해서 가진 체험적 활동이라야 면접장에서 진가를 발휘한다. 형식적인 서류 봉사활동은 면접장에서 어떤 이야기든지 하기 어려운 것이 사실이다. 실제 대학 면접에서 "봉사활동의 의미가 무엇이라고 생각하나요? 기억에 남은 봉사활동은 어떤 것이었나요?"라는 질문에, 체험적 봉사활동을 하지 않았다면 응답하기 어려울 것이다. 그래서 봉사활동의 진정성과 활동성이 중요하다.

03 독서 기록: '1+α+β'의 융합

독서활동의 기록을 통해 학생은 자신의 다양한 독서 경험을 보여줄 수 있다. 가령 문과는 전공과 관련한 독서 1권, 인문 교양 1권, 이과 관련 도서 1권이 좋다. 이는 다양한 독서 경험을 보여줄 뿐 아니라 균형 잡힌 융합적 독서 지식이 필요하다는 흐름을 현실적으로 반영한 것이다.

다음은 서울대학교 사범대학 국어교육학과를 지원한 학생의 독서 관련 내용을 참고해 설명해 보겠다.

---

3. 고등학교 재학 기간 또는 최근 3년간(단, 초등학교, 중학교 재학 기간 제외) 읽었던 책 중 자신에게 가장 큰 영향을 준 책을 3권 이내로 선정하고 그 이유를 기술하여 주십시오.

※ '선정 이유'는 도서별로 띄어쓰기를 포함하여 500자 이내로 작성

※ '선정 이유'는 단순한 내용 요약이나 감상이 아니라, 읽게 된 계기, 책에 대한 평가, 자신에게 준 영향을 중심으로 기술

3-1. 미국 최고의 교수들은 어떻게 가르치는가(켄베인/허형은 · 안진환 옮김)

2학년 때 멘토-멘티 활동을 하면서, 가르치는 것에 대해 고민을 하게 되었습니다. '어떻게 가르치는 것이 멘티에게 좋을까'를 생각하다가 아버지께 여쭈었더니 이 책을 소개해 주셨습니다. 항상 배우는 입장이었기 때문에, 제가 공부한 것을 효과적으로 친구에게 가르쳐 주기 위한

해답을 찾길 바라며 읽었습니다. 이 책은 미국 대학의 인기 있는 교수님들의 교수법들이 소개되어 있습니다. 하지만 대학생을 가르치는 데 유용한 교수법이어서 멘토-멘티 활동에 실질적으로 적용할 수 없는 부분도 많았습니다. 그러나 이 책을 통해 '신뢰'라는 가장 큰 교훈을 얻을 수 있었습니다. 친구를 믿고 그가 잘할 수 있다는 생각을 하면서 가르치는 것이 중요하다는 것을 말입니다. 멘티가 교과 내용을 충분히 이해하길 바라면서 도움을 주었는데, 못 알아듣는 것 같아 고민이었지만 이 책을 통해 의심보다는 믿음과 신뢰가 멘티의 학습 증진에 도움이 된다는 것을 깨닫게 되었습니다. (473자)

3-2. 엄마를 부탁해(신경숙/창비)
문학 수업시간에 한국의 대표적 여류 소설가 신경숙에 대해 들었습니다. 또한 신경숙 작가의 『엄마를 부탁해』가 해외로 수출되어 큰 성공을 이루었다는 뉴스보도도 있어서 이 작가에 대해 궁금해졌기 때문에 이 책을 읽게 되었습니다. 장마다 다른 서술자를 내세워 글을 서술하여 각 서술자의 심리를 잘 알 수 있었던 점이 인상 깊었습니다. 이 책에서는 한국의 전통적인 어머니 상을 보여주며 어머니를 잃어버린 자식들의 슬픔을 잘 전달해 주어서 읽는 내내 눈물을 흘린 기억이 있습니다. 요즘 부모의 많은 재산 때문에 형제들끼리 소송을 건다든지 공양할 부모를 버리는 일이 뉴스를 통해 간간이 전해지고 있는 현실 속에서 이 책은 우리를 반성하게 하는 책이라고 생각합니다. 이제까지 부모님의 사랑을 낭연시 여겨 왔는데 이 책을 통해 부모님의 사랑에 대해 다시 생각해 볼 수 있게 되었고, 부모님께 죄송하고 감사하는 마음을 가지게 되었습니디. (459자)

3-3. 어떻게 원히는 것을 읽는가(스튜어느 다이아몬드/김태훈 옮김)
독서 토론을 위해 친구들과 서로 의논하여 이 책을 선정하게 되었습니다. 이 책에서는 자신이 원하는 것을 얻는 구체적인 방법들을 소개하고 있습니다. 이 책에서 가장 주목한 것은 협상에 성공하기 위해서는 상대방을 먼저 배려해야 한다는 것이었습니다. 사람들은 단지 협상만 하려고 하지만 사실은 사람과의 관계에서 배려가 협상을 성공시키는 데에 중요한 요소가 된다는 것입니다. 따라서 상대방에 대한 이해를 바탕으로 설득한다면 나의 목표를 이룰 수 있을 뿐 아니라 상대방에게도 기분 좋은 타협안이 될 수 있다는 것입니다.
이러한 협상의 방법은 제가 교사가 되었을 때, 학생들과의 대화에서 필요할 것이라고 생각합니다. 학생들을 가르치다 보면 가끔은 충돌이 생길 것이라 생각하기 때문에 이때 학생들과의 의견 차이를 단지 선생님의 권위로 무시하기보다는 학생들의 입장에 서서 학생들을 이해하고 배려한다면 학생들과 잘 지낼 수 있을 것이라고 생각했습니다. (466자)

대학에서 요구하는 '선정 이유'는 단순한 내용 요약이나 감상이 아니라, (1) 읽게 된 계기, (2) 책에 대한 평가, (3) 자신에게 준 영향을 중심으로 한 기술이다. 앞서 제시한 수험생의 글을 이에 따라 정리해 보면 다음과 같다.

(1) 읽게 된 계기

2학년 때 멘토-멘티 활동을 하면서, 가르치는 것에 대한 고민을 하게 되었습니다. '어떻게 가르치는 것이 멘티에게 좋을까'를 생각하다가 아버지께 여쭈었더니 이 책을 소개해 주셨습니다. 항상 배우는 입장이었기 때문에, 제가 공부한 것을 효과적으로 친구에게 가르쳐 주기 위한 해답을 찾길 바라며 읽었습니다.

(2) 책에 대한 평가

이 책은 미국 대학의 인기 있는 교수님들의 교수법들이 소개되어 있습니다. 하지만 대학생을 가르치는 데 유용한 수법이어서 멘토-멘티 활동에 실질적으로 적용할 수 없는 부분도 많았습니다.

(3) 자신에게 준 영향

(이 책은 미국 대학의 인기 있는 교수님들의 교수법들이 소개되어 있습니다. 하지만 대학생을 가르치는 데 유용한 수법이어서 멘토-멘티 활동에 실질적으로 적용할 수 없는 부분도 많았습니다.) 그러나 이 책을 통해 '신뢰'라는 가장 큰 교훈을 얻을 수 있었습니다. 친구를 믿고 그가 잘할 수 있다는 생각을 하면서 가르치는 것이 중요하다는 것을 말입니다. 멘티가 교과 내용을 충분히 이해하길 바라면서 도움을 주었는데, 못 알아듣는 것 같아 고민이었지만 이 책을 통해 의심보다는 믿음과 신뢰가 멘티의 학습 증진에 도움이 된다는 것을 깨닫게 되었습니다.

위 수험생은 (3-1)인문 교양+(3-2)문학(전공) 관련+(3-3)사회과학 관련 도서 등 다양한 독서 경험을 자기소개서에 담고 있다. 위와 같은 독서 정리는 동기나 이유, 즉 진학하는 학과 관련성 고려(가령 의대 정신과를 지원한 학생의 경우, 학교에서 배운 문학 수업 시간에서 소설 주인공의 심리에 관한 깊은 관심을 자소서와 관련해서 표현하는 경우도 있다.), 감명 깊은 구절, 장면 제시에 따른 코멘트를 달고, 작품의 핵심 주제와 관련해서 읽었다는 인상을 주는 기술을 할 필요가 있다. 그리고 책을 통해 알게 된 사실, 교훈 등 책이 지닌 긍정적인 면도 기술하는 것이 중요하지만 책이 가진 비판적인 평가와 안목도 서류 심사에서 강한 인상을 줄 수 있다.

　그리고 대학에서 "자신의 잠재력을 보일 수 있는 사례를 말해 보시오"라고 질문했을 때, 다양한 독서활동을 언급하는 것도 좋은 답안일 것이다. 이때 전공 관련 독서뿐만 아니라, 다양한 분야의 독서 이력을 보여 주는 것도 좋은 방법이다. 주제별로, 연대별로, 장르별로 정리해 놓은 독서 기록장은 아주 유용한 잠재력과 노력을 보인 자료이기 때문에 대학에 좋은 인상을 줄 것이다. 실제 한 학급밖에 없는 전남의 시골 고등학교에서 지균으로 서울대에 합격한 학생의 사례는 독서의 의미를 대학 면접에서 증명한 결과이다. 평소의 다양한 독서를 바탕으로 면접에 합격한 사례로 일간지에 여러 번 소개되기도 했다.

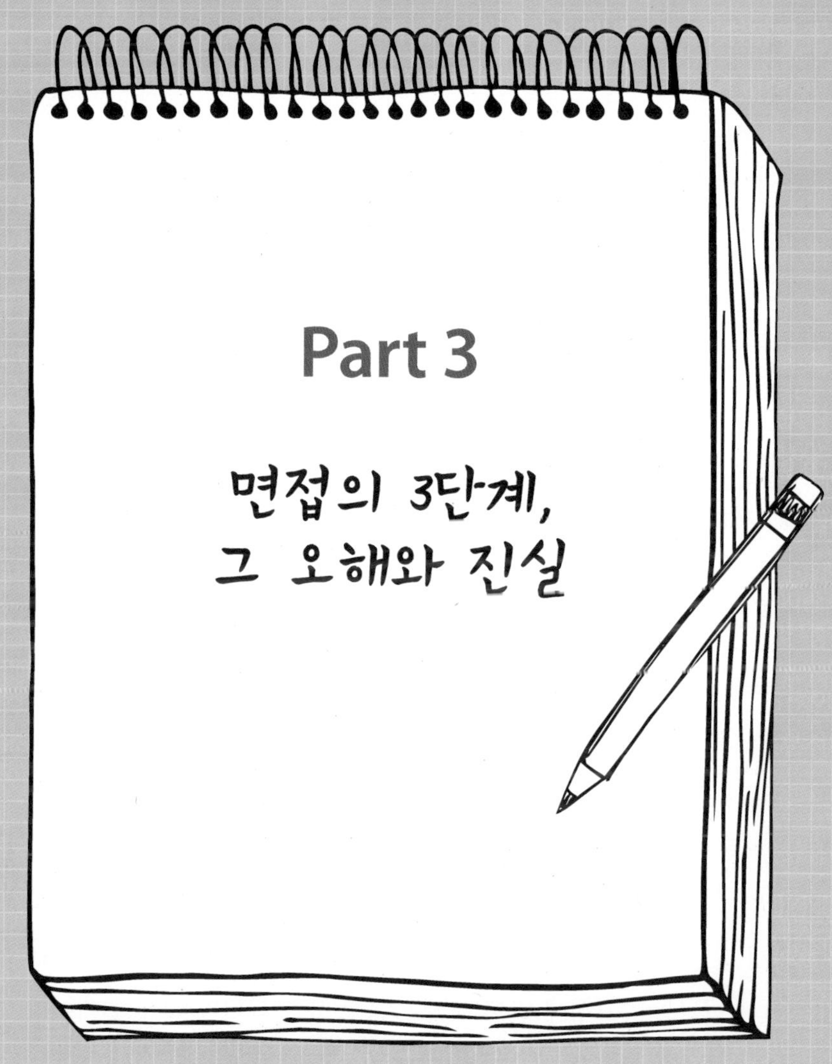

Part 3

면접의 3단계,
그 오해와 진실

　　2014학년도 대학수학능력시험에서 만점자는 총 33명이었다. 이 중 문과계열 수험생이 32명인 것에 반해, 이과계열 수험생은 단 1명뿐이었다. 전남 폭포 홍일고 3수생인 전봉렬 군으로, 이 학생이 지원한 대학은 수시에 고려대 의대, 정시에는 서울대 의대, 연세대 의대였다. 고려대 의대는 국·영·수 등급 합이 3이었으나 논술에서 점수가 부족해서 탈락한 것으로 보이며, 서울대는 면접에서 탈락했다. 본인도 충격이었지만 세간에서도 충격이었다. 결국, 수능만 보는 연세대 의대에 합격하였다.

　　이 수험생을 통해 얻을 수 있는 결론은, 우선 고려대에서 탈락한 것에서 수학 영역의 수능 문항과 수리과학논술의 문제는 다르다는 점을 알아야 한다. 서울대의 경우는 '다면 인성 평가', 즉 면접에서 탈락했다는 점이다. 서울대를 놓고 보면, 면접의 중요성이 합격의 당락을 결정한다는 사실을 알 수 있다. 어쩌면 절대적이라 할 수도 있다. 면접의 중요성에 관해 새삼 많은 것을 생각하게 하는 결과이다. 대체로 면접에서 서류 전형의 결과를 변화시키는 것은 30% 정도라고 한다. 30%의 변화가 자신의 운명을 바꾼다고 할 때, 면접이 그 자리에 있음을 잊어서는 안 된다.

　　면접은 크게 인성과 전공적합성 평가이다. 사범대계열의 경우, 인성에 대해 대단히 중요하게 생각하기 때문에 면접에서 중요한 역할을 한다고 본다. 2015학년도 건국대의 경우, 1단계에서 서류평가(100%)로 3배수를 뽑고, 2단계에서 심층면접

100%로 선발하는데, 개별 면접과 발표 면접으로 뽑고, 여기에다 사범대는 1박 2일 면접(합숙)으로 이루어질 정도로 면접이 중요하다.

대인 관계가 원만하다고 해서 면접을 잘 보는 것은 아니다. 지방 학생들, 특히 경상도 지역의 수험생들은 말이 빠르다는 면접관들의 지적 사항이 많다. 이는 전달력이 매우 떨어진다는 의미이기도 하다. 그래서 최대한 천천히 말을 해야 할 필요성이 있다. 실제로 일반계 내신 성적 1.09의 학생이 한양대와 이화여대 국어교육학과의 고교생활우수자 전형에서 3배수의 면접 대상자가 되었다. 이 수험생은 울산에서 서울로 올라가서 면접을 보았는데, 한양대는 면접관 2명(대개는 입사관 1명, 전공 교수 1~2명)으로 면접 시간은 10여 분 전후였다. 생활기록부를 바탕으로 하여 질문이 이루어지며, 수험생은 질문 내용에 대한 자기 생각을 표현한다. 생활기록부에 나타난 우수한 과목에 대한 담당 교과 교사의 교과목 세부 특기 사항에 적힌 내용을 어떻게 이해하고 있는가의 내용이다. 또 하나는 비교과 활동 가운데 독서 부장의 역할과 기능에 대한 질문이다. 결국, 교과와 비교과 활동에 대한 두 가지 질문이 이루어진 것이다. 이 수험생은 두 질문에 대해 명쾌하게 답하지 못했다고 한다. 처음 접하는 면접이라 긴장해서 말의 속도가 굉장히 빨라져 의사 전달에 문제가 발생하자, 면접관이 손으로 말이 속도를 줄이고 요구했지만, 그 속도를 줄이지 못했다는 것이 수험생의 이야기이다. 이 학생은 결국 모집 정원 5명 모집에 15명이 참가한 수시모집에서 1차에서는 떨어지고 추가 합격하였다. 내신과 면접이 우수한 학생은 자신이 지원한 상위권 대학에 합격한 것으로 판단할 수 있다. 그리고 추가 합격 발표 시에 대학에서 가장 신경을 쓴 것은 결국 내신이라는 판단을 할 수 있는 것이다. 이는 면접과 내신의 비중을 놓고 보면, 내신의 위력이라고 할 수 있다. 내신이 좋다고 해서 면접을 불성실하게 임하라는 의미는 아니다. 단지 내신이 우수해야만 면접 대상자가 되고, 이 면접 대상자 가운데에서 추가 합격 가능성이 높다는 것이다. 이는 면접만이 합격 당락(當落)에 영향을 미친다는 오해를 달리 해석해야 한다는 의미이기도 하다.

이화여대에서는 지문 2개와 문제 2개가 들어있는 사전 문제지를 10여 분 정도 보고 정리해서 쓴 내용을 가지고 면접장에 들어간다. 이를 바탕으로 자기 생각을 정리해서 발표한다. 지원한 또 다른 교육학과 학생은 두 문제를 풀이한 후 면접관의 추가 질문—댓글에 대해 어떻게 생각하느냐?—을 받았는데, 시간 경과로 추가 질문에 대한 답변을 다 할 수 없게 되자 면접관에게 더 이야기하고 싶다고 했다. 이 것이 합격의 결과에 어떻게 영향을 미쳤을지 필자는 확인해 보지 못했다. 합격 여 부를 알 수 없었다는 의미이다. 이런 경우, 상황을 파악한 후에 자기 생각을 분명 히 전달하는 것이 좋다는 점은 분명하다.

면접에서는 의사소통 능력을 통해서 상황(문제)에 대한 설득력과 공감(면접관)을 얻는 것이 중요하다. 그렇게 하려면 다음과 같이 수시의 전략을 세워 활용하는 것 이 좋다.

▶ **수시(4회 활용)**— 도전: 실험/실기/예행 연습 후, 실전에 확실하게!
적정: 안전한 합격선
안정: 자소서 + 인성 + 전공적합성 평가 준비!

수시 면접의 경우, 4번의 기회를 활용하는 방법은 '도전(1~2회)—적정(1~2회)— 안정(1회)'으로 하는 것이 좋다. 이렇게 함으로써 면접의 초보들이 겪게 되는 고민 을 어느 정도 해결해 줄 수 있다고 생각한다.

면접을 준비한다고 해서 학교에서 3학년 교과 혹은 담임교사가 야간자율학습 시 간에 틈틈이 학생을 상대로 하여 생활기록부 혹은 자기소개서를 가지고 10여 분 면 접 연습을 하는 경우가 있다. 하지만 생활기록부 내용과 자기소개서 내용의 어떤 부분이 면접 내용인지를 인지하고 연습하느냐가 문제고, 또한 학생이 가지고 있는 학교라는 테두리에서 얻는 장점, 즉 심신의 안정감을 고려하면 실제 면접 장면과 내용에는 다소 차이가 날 수밖에 없다. 수험생들이 실질 면접에서 느끼는 긴장감이 란 이루 말할 수 없다. 단순 지필 평가 후 이를 바탕으로 면접을 하는 경우는 문제 의 풀이 수준과 면접이 비례할 수 있지만, 생활기록부와 자기소개서를 바탕으로 하 여 특정 활동에 대한 압박 면접(꼬리에 꼬리를 무는 면접)을 하는 경우는 수험생이 감당할 수 없을 정도로 부담이 커진다. 이를 극복하는 방법은 '도전—적정—안정'이 라는 3단계를 활용하는 것이다.

01 도전: 면접의 내용 파악하기

1단계 도전의 의미는 면접을 목표 대학에 합격하기 위한 실천 단계의 전략으로 적극적으로 활용해야 한다는 것이다. 대학 합격 여부를 놓고 처음으로 진행되는 면접은 우선, 생활기록부의 어떤 면을 묻는가, 자기소개서의 어떤 면을 질문하는가에 대한 탐색의 단계로 활용하라는 의미이다. 또한, 실제 면접에 대한 내용을 파악하는 단계이기도 하다. 면접관의 대도를 보면서 이에 대한 나의 반응을 면접 당시에는 파악할 수 없지만, 시간이 지난 후 면접 당시를 떠올려 보면 자신의 장단점과 면접 내용을 충분히 되돌아볼 수 있으므로 이를 충분히 활용해야 한다.

면접 당시, 대학에서 면접을 금방 보고 나온 학생 수십 명을 만나 이야기를 해 보면, 대부분 수험생이 얼떨떨한 상태에서 어떤 질문을 받고 어떻게 대답했는지에 대해 정확하게 기억하지 못한다. 그만큼 면접에서 긴장감이 높았다는 반증이기도 하다. 그래서 면접에 임하는 수험생들은 차라리 마음 편하게 면접에 대한 내용을 파악한다고 생각하고 임한다면 오히려 얻을 것이 많은 면접이 될 것이다. 그래서 '수시 면접에서 한 번은 도전으로 활용'하라는 명언을 기억해야 한다.

02 적정: 면접의 적응력

    수시 활용 중에 면접에서 1~2회는 도전으로 활용하라는 말을 앞에서 언급했는데, 이 면접 과정에서 파악한 내용을 바탕으로 두 번째 면접에서는 실전과 같이 면접을 준비해서 대학 면접관과 마주하라는 말을 해 주고 싶다. 그래서 최종 면접 대학을 남겨 놓고 면접 적응력을 키우는 데 역점을 두고 임할 필요가 있다.

    물론 지방에 있는 수험생의 경우, 시간적 경제적 부담이 되는 것은 사실이다. 그러나 이런 문제 때문에 합격하지도 않은 대학에 투자하는 것이 무모하다고 생각하는 것 자체가 대학 합격에 대한 무지에서 비롯된 것이라고 말해 주고 싶다. 그만큼 면접 적응 훈련이 중요하다는 의미이다. 분명한 것은 첫 번째보다는 나은 결과를 얻을 것이며, 두 번의 면접을 통해 합격을 위한 분명한 경험을 얻을 것이라는 점이다. 이는 목표 대학에 가장 가까이 가는 지름길이다. 그래서 반복해서 강조하는 것이다. 꼭 실천하기 바란다. 면접관과의 심리적 거리감이 줄어들고 면접관의 이야기(질의 내용)가 분명하게 들리게 되고, 이에 대한 수험생 여러분의 태도 또한 분명해질 것이다. 그리고 마지막 단계인 실전에서는 목표 대학에 임하게 될 것이다.

03 안정: 면접의 실전

　두 번의 경험적 면접은 합격의 첫 단추다. 합격하고자 하는 목표 대학 면접에서 두 번의 경험에서 얻은 자신감이 그동안 들였던 노력을 보상할 것이다. 그만큼 면접의 3단계는 중요하다.

　사실 면접의 방법은 대학마다 차이가 있을 뿐 아니라 매우 다양해서 하나의 방법으로 단정하기는 어렵다. 그럼에도 불구하고 기본적인 자료는 내신-학생부-자기소개서(스펙)이다. 이를 활용하여 면접이 이루어지기 때문에 이것의 작성을 전략적으로 할 필요가 있다. 지필 형태의 면접도 이루어진다. 먼저 일정한 시간을 수험생에게 주고, 이에 대해 해결할 시간을 준 다음에 면접관들이 이에 대해 설명을 요구하거나 확인하는 방법도 있다(이에 대한 자세한 설명은 5장에서 정리해 놓은 면접 사례를 참고하길 바란다). 물론 이런 경우에는 교과에 대한 일정한 수준이 있어야만 합격 가능성이 높다. 그래서 다시 한번 내신의 중요성을 강조하지 않을 수 없다. 더구나 외부의 비교과 활동이 제한 받는 지금의 입시제도에서는 내신만큼 중요한 것이 없다. 내신이 일정 수준에 있어야 면접 대상자가 되기 때문이다.

Part 4

면접에서의
학교생활기록부와
자기소개서

01 면접과 학교생활기록부

올해부터 대입 전형 간소화에 따라 학교생활기록부의 중요성이 더욱 커지고 있다. 학교생활기록부는 과연 어떻게 기록되고 있고, 면접에 어떻게 활용되는 것일까?

교육부에서 발간한 「2014 학교생활기록부 기재요령」에 따르면 "학교생활기록은 초·중등교육법 제25조에 따라 학교의 장이 학생의 학업성취도 및 인성 등을 종합적으로 관찰·평가하여 학생지도 및 상급학교(「고등교육법」 제2조 각 호의 규정에 의한 학교를 포함한다. 이하 같다)의 학생 선발에 활용할 수 있는 학생의 인적사항, 학적사항, 출결상황, 자격증 및 인증취득상황, 교과학습발달상황, 행동특성 및 종합의견, 그 밖의 교육목적에 필요한 범위 안에서 교육부령이 정하는 사항에 대하여 교육부령이 정하는 기준에 따라 작성·관리하도록 하고 있다"고 기록되어 있다.

학생부 구성 항목 중 면접과 직접 연관이 있는 수상경력, 진로희망사항, 창의적 체험활동상황, 교과학습발달상황, 독서활동상황, 행동특성 및 종합의견에 대해 작성 내용을 분석하고 이를 바탕으로 효과적인 면접 준비를 위한 대비 방안을 살펴보고자 한다. 또한, 예비 수험생의 경우 각 항목마다 구체적이고 자세하게 기록될 수 있는 Tip을 제공하고자 한다.

학교생활기록부 내용에 대한 면접은 어떻게 준비할까?

학생부 내용을 바탕으로 하는 면접 준비에서 학생들이 저지르는 잘못은 '뭐 특별한 게 있겠나, 간단히 답변하는 문항들이 출제되겠지' 하고 준비를 소홀히 하는 것이다. 그러나 최근 출제된 문항들을 살펴보면 가볍게 이야기할 수 있는 문항도 있지만, 학생부 내용을 바탕으로 선 질문을 한 이후로 꼬리에 꼬리를 무는 식의 심화된 질문을 하는 경우도 적지 않았다.

2014 숭실대 문학특기자전형에 다음과 같은 질문들이 출제되었다. "윤동주 백일장에서 1등을 했네요? 그때 시제가 무엇이었나요? 그때 쓴 글의 내용을 말해 보세요. 혹시 그때 쓴 글의 첫 문장이 기억나세요? 기억이 나면 한번 말해보세요." 여러분은 과연 학생부의 수상실적란에 적혀 있는 하나의 대회에 대해서 이렇게 꼬치꼬치 캐묻는 질문에 술술 답변할 수 있을지를 자문해 보기 바란다.

이 장에서는 앞서 언급한 면접과 관련 있는 학생부 6개 항목(수상경력, 진로희망사항, 창의적 체험활동상황, 교과학습발달상황, 독서활동상황, 행동특성 및 종합의견)별로 어떤 면접 질문이 나왔는지 기출문세를 제시하도록 하겠다. 아울러 이를 바탕으로 학생부 실제 기재 내용을 바탕으로 자신의 학생부 내용을 어떻게 분석해야 하는지를 살펴보도록 하겠다.

그리고 가장 중요한 대비방안에 관해서 이야기하겠는데, 결론부터 이야기하자면 기록을 남기자는 것이다. 면접은 면접관이 학생으로부터 그 사람의 생각, 의견, 가치관을 말로 직접 듣겠다는 것인데, 이런 생각, 의견, 가치관 등은 오랜 시간을 두고 생각하고 정리해야 말할 수 있다. 생각을 정리하는 가장 좋은 방법은 글쓰기이므로 면접관으로부터 나올 수 있는 질문을 예상하고 그에 따른 답변을 글로 기록하는 방법을 제시하도록 하겠다.

그렇다면 이런 준비는 언제부터 시작해야 할까? 면접시험을 치를 고3 수험생, 예비수험생 모두 이 글을 다 읽은 후 당장 시작해야 할 것이다. 학생부 1부를 출력해서 각 항목에 대해 나의 이야기를 풀어서 기록해 보도록 하자. 수시의 경우 3학년 1학기까지의 내용을 바탕으로 하기 때문에 그간의 항목별 내용에 대해 다음에서 소개하는 바와 같이 준비하면 될 것이다. 예비 수험생도 능장을 부려선 안 된다. 처음이 어려워서 그렇지 지금까지 기록된 내용에 대해서 한 번 써 놓으면 다음 번에는 변화된 내용만 작성하면 되므로 한결 수월해질 것이기 때문이다.

이제 본격적으로 면접 준비 과정으로 들어가 보도록 하자.

이후부터 소개될 학생부 항목별 기입 내용은 교육부에서 발간한 「2014 학교생활기록부 기재요령」의 본문 및 부록 내용을 발췌하였다. 아울러 전년도 기출문제는 5장에서 소개된 대학별 면접 문항 중 학생부 내용만을 발췌하였다.

(1) 수상경력

▶ 전년도 기출문제 소개

예 1) 자기소개서에 과제연구발표대회라는 대회가 있는데 어떤 대회인가?
예 2) 동아리 발표대회상이 무엇인가?

▶ 학생부 작성의 실례

구분	수상명	등급(위)	수상연월일	수여기관	참가대상 (참가인원)
교내상	자연탐구대회 (공동수상, 3인)	은상(3위)	2014.05.04.	○○학교장	전교생(1,600명)
	과학탐구대회 (물로켓 부문)		2014.06.30	○○학교장	1학년(550명)
	교과우수상 (수학, 사회, 과학)	최우수상(1위)	2014.07.19.	○○학교장	1학년(552명)

교내상	컴퓨터경진대회 (정보검색부문)	최우수상(1위)	2014.09.20.	○○학교장	전교생(1,602명)
	독서기록장쓰기대회	장려상(3위)	2014.11.05.	○○학교장	1·2학년(1,102명)
	과학탐구대회 (물로켓 부문)	최우수상(1위)	2014.12.10.	○○학교장	2학년(548명)

▶ 학생부 항목의 분석

면접관이 학생부를 소재로 면접할 때 어떤 항목에 주안점을 두고 임할 것인가를 아는 것이 필요하다. 첫째로 **학업에 대한 성취, 태도, 열정**이다. 고등학교 생활의 집약체인 학생부의 여러 항목을 꼼꼼히 살펴 이 학생이 대학에 와서 뚜렷한 학업 성과를 나타낼 수 있을지를 살펴보려 할 것이다.

둘째로 **전공과 진로에 대한 관심**이다. 이 학생이 특정 전공 관련 진학을 위해 어떤 노력을 기울였는지를 보려고 할 것이다. 아울러 전공을 뛰어넘어 미래 진로에 대해 진지하게 고민하고 있는지를 살펴보려 할 것이다. 목표와 비전이 있는 자가 그렇지 못한 자보다 그 목표에 노날하는 데 의욕적이기 때문이다.

셋째로 **인성, 사회성, 공동체 의식**이다. 우리가 사는 사회는 혼자 사는 사회가 아니다. 다 같이 힘을 합하고 협력해야 난관을 헤쳐나갈 수 있고 어려움을 극복할 수 있다. 바른 인성과 사회성을 갖고 있을 때에 인류의 번영과 사회 발전에 기여할 수 있을 것이기 때문이다.

이제부터 이런 면접관의 관점을 가지고 학생부의 기록 내용을 살펴보고 면접 질문 요소를 찾아내어 그에 맞는 효과적인 답변을 마련해 보자. 아울러 학생부의 풍성한 기록을 위해 예비 수험생들은 어떤 노력을 기울여야 하는지에 대해 전략을 세워 보자.

먼저 위 수상경력의 첫 번째 수상명을 살펴보자. '자연탐구대회(공동수상, 3인)'로 기록되어 있다. 우선 궁금한 것은 이 자연탐구대회가 어떤 대회인가 하는 것이다. 무엇을 주제로 어떤 내용을 탐구하는지가 명시되어 있지 않기에 이 대회에 대해 자세하게 조사할 필요가 있다. 대회 성격상 자연과학부(학교별 부서 명칭이 다름) 등에서 주관한 대회일 것이므로 담당 선생님을 찾아가서 운영계획서 또는 요강을 받아 대회의 내용을 숙지해 놓아야 할 것이다.

또한, 이 대회의 경우 '공동수상, 3인'이라고 기록되어 있다. 3명 1개 조로 팀을 이루어 본 대회에 출전했다는 이야기인데 그렇다면 여러 가지 이야기를 생각해 볼 수 있다. 3인 팀 구성은 어떻게 하게 되었는지, 셋이 모여서 준비하였다면 각자 다른 생각으로 갈등상황도 있었을 것인데. 이를 어떻게 해결하였는지등을 자세하게 되짚어 보고 필요하다면 기록으로 남겨 놓아야 할 것이다. 그뿐만 아니라 결과물 산출을 위해 각자가 팀에서 맡은 역할 내지는 기여도가 있을 것이다. 내가 팀 내에서 어떤 역할을 했고 어떤 성과를 냈는지를 기록을 통해 정리해 놓아야 할 것이다.

아울러 상의 등급(위)인 은상(3위)을 주목해보자. 은상이면 성적이 꽤 괜찮게 나왔다고 생각된다. 그렇다면 좋은 성적을 받게 된 다른 팀과의 차별화된 전략은 무엇이었는지를 일목요연하게 기록해서 정리해 둘 필요가 있다. 다른 한편으론 1, 2위에 비하면 조금 부족한 면이 있을 것이다. 그 점이 무엇인지도 기록해 둔다면 자기반성에도 도움이 될 것이고 앞으로의 발전을 위한 구체적인 방안도 수립할 수 있을 것이다.

그 외에도 어떤 질문 항목을 생각해 볼 수 있을까? 내가 만약 면접관이라면 이 항목을 보고 무엇을 물어볼지를 생각해 보자. 면접관은 끊임없이 학생부 내용을 토대로 학생이 실제 대회에 참여했는지와 개인적으로 어떤 경험을 했는지, 또한 본 활동을 통해 어떤 변화가 있었는지가 궁금할 것이기 때문이다. 왜냐하면, 이런 활동을 통해 대학에서 요구하는 학업수행능력, 리더십, 의사소통능력, 창의성 등을 비롯한 지적 능력을 갖췄는지를 평가하고자 하기 때문이다.

다른 특색 있는 면으로 교과우수상으로 '수학, 과학'상을 받은 사실이다. 자연과학기술계열로 진학하는 학생이라면 일단 좋은 인상을 받을 것으로 기대된다. 이공계의 기본이 수학, 과학 능력이니 이 과목에 대해 좋은 성적을 거둔다는 것은 좋은 학업수행능력을 예측할 수 있기 때문이다. 수학, 과학에서 어떻게 좋은 성적을 거두게 되었는지 본인만의 학업계획 또는 학업습관 등을 잘 기록하고 정리해 둘 필요가 있을 것이다. 다른 학생들과는 다른 나만의 차별화된 전략은 무엇인지 구체적으로 기록해 두자.

그 외에 눈에 띄는 사항으로는 동일 대회인 '과학탐구대회(물로켓 부문)'에 두 번 참여한 것이 독특하다. 왜 같은 대회에 출전하게 되었는지, 두 번 모두 1위를 수상한 데는 나름의 노하우가 있다는 것인데 그 노하우를 정리하여 기록해 둘 필요가 있을 것이다. 게다가 동일한 주제로 지속적으로 참가하는 것은 좋은 인상을 남길 수 있다. 그 주제에 본인만의 장점과 흥미, 능력을 발휘할 수 있기 때문이다. 그리고 아직 입시를 치르기에 여유가 있는 1, 2학년 학생들이라면 이 점을 주목해서 볼 필요가 있다. 즉 관심이 있는 대회에 지속적으로 참가하여 일정한 성과를 남기는 것이다.

▶ 면접 예상 질문에 대한 답변 작성의 실제

대회별로 기록할 사항을 일정한 방향 없이 기록하게 되면 나중에 정보로써 활용하는 데 어려움을 겪을 것이다. 따라서 가독성 있는 정보로써 활용될 수 있게끔 다음의 틀을 활용해 보는 것은 어떨까?

참여 계기 – 대회 내용 – 느낀 점 – 태도 변화 – 확산 활동

- 참여 계기: 왜 본 대회에 참여하게 되었는가? 어떤 목적을 달성하기 위해서 참여하게 되었는가?
- 대회 내용: 대회 분위기는 어떠했는가? 가장 기억에 남는 것은 무엇인가? 대회 진행 시 어떤 에피소드가 있었는가?
- 느낀 점: 대회에 참여하면서 무엇을 생각하였는가? 성적 이외에 심적으로 발전되고 변화된 것은 무엇인가?
- 태도 변화: 대회에 참여하면서 새롭게 알게 된 것은 무엇인가? 인성과 관련해서 핵심 인성 요소(나눔, 배려, 협력, 타인존중, 갈등관리, 관계 지향성, 규칙 준수 등) 중 적용된 사항이 있는가?
- 확산 활동(선택): 개인적 발전과 성장을 위해 어떠한 활동을 계획하고 있는

가? 또는 어떤 활동을 실천했는가?

이와 같은 틀에 맞추어 활동별 특이 사항을 기록해 보자. 한 가지 예를 들어 위 대회 항목 중 '컴퓨터경진대회(정보검색 부문)'에 대해 기록해 보자.

우선 참여 계기는, '학교에서 마련된 대회여서……'는 피해야 하는 답이다. 수동적인 인상을 남기게 되므로 적극적인 인상을 남기도록 기록해야 할 것이다. 이 대회에 참여하려면 아무런 준비 없이 출전할 수 없었을 것이다. 그 전에 어떻게 정보검색 분야에 발을 들여놓게 되었는지 기록하고 대회 출전을 위해 어떤 에피소드가 있었는지 누구의 도움이 있었는지를 기록해 보자.

다음으로 대회는 상당수의 학생이 참여한 학교 대회였는데 구체적으로 어떻게 진행되었는지, 그날 컨디션은 어떠했고 어떤 각오와 마음가짐으로 임했는지 기록하면 좋을 것이다. 또한, 기억에 남는 문제를 떠올려 어떻게 풀이하였는지를 기록하는 것은 좋은 소재가 될 것이다.

느낀 점으로는, 본 대회에 참가하면서 무엇을 배웠는지, 어떤 걸 잘했고, 어떤 점이 부족한지를 기록해 보자. 대회 성적 이외에 부수적으로 얻어진 사색 또는 깨달음 등은 없는가를 기록해 보자.

태도 변화로는, 정보검색 부문 경진대회 참여 이후 학교생활에서 달라진 점은 무언인지 기록해 보자. 또한, 앞서 3가지 항목이 개인적인 생각과 실천에 대해 생각했다면 이 태도 변화는 다른 사람과 사회를 위해 내가 어떤 기여를 하고 영향을 끼칠까를 생각해 볼 수 있을 것이다. 구체적으로 이 분야의 성과를 통해 남을 도와줄 수 있는 분야는 없는지 생각해 보고, 있으면 기록해 보도록 하자.

끝으로 확산 활동은, 비단 이 대회에만 머물지 않고 연관된 다른 활동은 없는지 기록해 보는 것이다. 계획을 적어도 좋고 실천한 사례를 적어도 좋으니 있다면 모두 기록해 보자. 예를 들어, 교내 정보검색대회에 출전하여 지역대회에까지 출전했다든지, 요사이 학교별 학급 홈페이지를 운영하고 하는데 관리자로서 활동하는 등의 그다음 활동을 기록해 보는 것이다. 이 내용이 굳이 없다면 기록하지 않아도 될 것이다.

　앞에서 언급한 대로 가상의 활동 내용을 기록해 보도록 하겠다. 물론 각 수험생은 자신만의 솔직한 이야기를 기록해야 할 것이다.

네트워크 보안 전문가로 일하고 싶었던 나는 일찍부터 컴퓨터에 관심이 많았다. 중학교 시절부터 컴퓨터 관련 컴퓨터활용능력 등의 자격증을 2~3개 정도 따 놓은 상태였고 정보 검색 분야에 대해서도 나름의 자신이 있었다. 그러던 차에 학교에서 마련된 정보검색 부문 컴퓨터 경진대회(2014.○○.○○.)를 알게 되었고 나만의 실력을 검증해 보고자 출전하게 되었다. 사촌 형이 이쪽 분야에 종사하였고, 선배 형이 작년도에 동일 대회에서 입상하였기에 조언을 듣고 나름의 준비를 하였다.

대회 진행은 수요일 창체 시간을 활용하여 학급별 이론 시험을 치렀다. 성적이 우수한 30명을 선발하여 실기시험을 치렀는데 컴퓨터실에 모여 대회 진행 방식을 듣게 되었다. 발표 주제는 "두 시간 이내에 빅데이터 정부3.0 공공정보 개방 정책의 우수한 활용사례를 찾고, 발표 자료로 제작하여 발표하시오"였다. 정부3.0 정책에 대해 처음 들은 나는 공식 사이트에 들어가 정책의 취지와 내용을 확인하였다. 지식검색과 SNS 등을 통해 최신의 공공정보 활용 사례를 접하였고 우수한 사례를 몇 가지 도출해 보았는데, 그중 내게 가장 흥미롭게 다가오는 주제를 선정하였는데, 바로 대중교통 버스 노선 시간 확인 애플리케이션 제작에 관한 것이었다. 매일 통학 버스를 타고 다니던 나는 핸드폰에 저장된 애플리케이션을 이용하여 편하게 이용하고 있었는데 이것이 정부3.0 정책의 우수사례라고 하니 몰랐던 것을 알게 되어 흐뭇했고 어떻게 이용하게 되었는지 과정을 살펴보게 되었다. Prezi를 활용하여 발표 자료를 제작하였고 친구들과 선생님들 앞에서 준비한 내용을 발표하였다.

본 대회를 마치고 부족한 노력에 비해 큰 상을 받은 것에 몸 둘 바를 몰랐지만, 고등학교 학창 시절에서 좋은 격려와 자극이 되었다. 발표 당시에 너무 빠른 말투와 질문에 당황하며 서둘러 답변을 마친 것은 부족한 점으로 기억에 남는다. 차분한 발표와 알고 있는 것에 대해 조리 있게 이야기하는 훈련을 틈틈이 해야겠다는 생각을 가졌다.

공공정보 이용의 가치를 새삼 깨닫게 되었다. 수집된 자료가 여러 다양한 용도로 활용될 수 있고 잘 가공된다면 다수에게 유익한 데이터가 될 수 있다는 사실을 말이다. 가지고 있는 정보를 어떻게 활용하느냐에 따라 인류 발전에 이바지하거나 후퇴시킬 수 있음을 깨닫게 되었다. 미래에 내가 네트워크 보안 전문가가 된다면 이런 소중한 정보를 잘 보호하는 방법과 유용한 방향으로 이용될 수 있는 길을 마련하도록 노력하겠다. 그리고 발표 자료를 연말 동아리 발표회 때 시연하여 후배들에게도 좋은 계기를 마련하고 싶다.

끝으로 본 활동 이후의 연관된 추후 활동으로 인터넷정보검색사 자격증을 취득하는 것을 생각해 보았다. 학업 시간 중 자투리 시간을 활용하여 이론 준비를 하고 방학 기간을 이용하여 실기 연습을 할 생각이며 가을 즈음에 시험에 응모할 것이다.

(2) 진로희망사항

▶ 전년도 기출문제 소개

예 1) 이 과에 오기 위해 준비한 내용은 무엇인가? 자신의 꿈을 이루기 위해 우리 대학교에서
　　　해야 할 일들은 무엇인가?
예 2) 장래 희망에 대해 구체적으로 이야기해 보시오.

▶ 학생부 작성의 실례

학년	특기 노는 흥미	진로희망		희망사유
		학생	학부모	
1	과학도서 읽기	과학교사	과학교사	○○○교육청에서 실시하는 '찾아가는 과학 체험교실' 활동을 다녀온 후 과학에 대한 자신의 흥미를 확인하고 자신이 알고 있는 것에 대해 가르치는 즐거움을 깨달아 과학교사에 대한 꿈을 갖게 됨.
2				
3				

▶ 학생부 항목의 분석

　본 항목은 학기 중에 받은 진로 지도 내용을 바탕으로 파악된 학생의 특기 또는 흥미, 학생과 학부모의 진로희망을 기록한 것이다. 아울러 희망사유란은 학급담임 교사 또는 진로진학상담교사가 학생과의 진로 상담 자료를 바탕으로 교사의 관점으로 기록되어 있다.

　위 기출문제를 살펴보면 다양한 형태로 학생의 진로 탐색에 대한 내용을 묻고 있다. 전공, 진로 탐색을 내실 있게 했는지, 전공에 대한 해박한 지식은 있는지, 진로가 바뀐 경우는 왜 그런지, 본인의 특기 또는 흥미와 전공, 진로와는 상관이 있는지 등을 묻고 있다.

　앞서와 마찬가지로 기록된 내용을 하나하나 살펴보기로 하자.

특기 또는 흥미란을 보면 과학도서 읽기라고 기록되어 있다. 무엇이 떠오르는가? 틈나는 시간에 과학 도서를 읽었다는 것이고 다른 학생들보다 유독 이 분야에 관심이 많다는 것이다. 그만큼 시간을 할애하여 책을 많이 읽었다는 것이다. 책을 많이 읽은 것은 어디에서 알 수 있을까? 바로 학생부 뒤편의 '독서활동상황'란에 기록이 되어 있어야 한다. 과학도서 읽기가 취미 및 흥미인데 활동상황란이 빈칸 또는 한두 줄 기록되어 있다면 말의 구색이 맞지 않게 된다. 기억해야 할 것은 특기 또는 흥미 분야의 증거 내지는 근거를 다른 학생부 항목에 드러낼 수 있어야 한다는 것이다.

진로희망 분야를 살펴보자. 학생, 학부모 모두 과학교사로 기록하고 있다. 여기엔 자신만의 독특한 이유가 있을 것이다. 이 스토리를 '수상경력'에서 다뤘던 활동 기록의 틀에 맞추어 기록해 보자.

희망사유란은 2014년도부터 중·고 1학년 학생들부터 기록하게끔 되어 있고, 내년엔 중·고 2학년 학생들, 내후년엔 3학년 학생들까지 확대되어 기록하게 되어 있다. 위 내용을 보면 위 학생이 교육청에서 받은 '찾아가는 과학체험교실'에서 뭔가 특별한 경험을 한 것으로 기록되어 있다. 위 프로그램에 대해 아래의 활동을 기록할 때 자세하게 풀어서 기록하면 밋진 자료가 될 것으로 기대된다.

또 한편으로 이런 생각을 해 볼 수 있다. 위 기록물의 학생은 담임선생님 또는 진로진학선생님께 어떻게 보였기에 위와 같은 기록을 받을 수 있었을까? 학생이 어떤 표현을 했기에 지도 선생님이 그것을 인지하여 위와 같이 기록되어 있는 것인가. 지도 선생님에게 나의 꿈을 설명할 수 있었던 나만의 진로 탐색 활동 내용을 기록하면 도움이 될 것이다. 그 작성법은 아래와 같다.

▶ 면접 예상 질문에 대한 답변 작성의 실제

물론 위에서 제시한 '계기–내용–느낀 점–태도 변화–확산 활동'의 틀을 그대로 가져와서 이용하는 데는 한계가 있을 것이다. 취할 것은 취하고 변형할 것은 변형해 보자.

- 진로 선택 계기: 과학교사가 되려는 계기가 있는가? 과학교사가 되려는 데 도움을 준 사람은 누구인가? 과학교사가 되려는 데 영향을 준 행사 체험 프로그램 등이 있는가?
- 나의 소질과 적성: 진로직업검사를 받았을 때 어떤 결과가 나왔는가? 스스로 평가하건대 나는 교직에 대한 소질과 적성이 있다고 생각하는가? 내 주위 사람들에게 내 꿈을 이야기했을 때 어떤 반응을 보이는가?
- 진로 탐색을 위한 구체적인 노력: 과학교사가 될 수 있는 가장 보편적인 방법은 무엇인가? 임용고사는 어떤 내용을 평가하고 있는가?

진로를 과학교사로 잡고 있는 경우에 대하여 항목별로 기록해 보자. 진로를 선택하게 된 계기는 여러 가지 이유가 있을 것이다. 학창 시절 선생님의 영향일 수도 있을 것이고, 부모님, 친지의 권유 등 다양할 것이다. 중요한 것은 나만의 스토리가 담겨 있게끔 기록해야 한다는 것이다.

나의 소질과 적성은 어떻게 알 수 있을까? 커리어넷(www.career.go.kr)과 같은 진로 직업 탐색 사이트에서 검사를 받아보면 알 수 있을 것이고, 학교에서 실시한 진로 검사 자료도 남아 있으니 참고해서 기록할 수 있을 것이다. 검사에서 이야기하는 나의 소질과 적성을 참고해서 나의 의견을 붙여서 기록하면 좋을 것이다.

진로 탐색을 위한 구체적인 노력에는, 과학교사가 되기 위해 어떤 길을 가야 하는지에 대한 정보 수집과 그를 위해 어떤 노력을 하고 있는지를 기록하면 좋을 듯하다. 현재 과학과목 임용고사에선 어떤 과목을 시험으로 응시하고 전형은 어떻게 되는지 알아볼 필요가 있다. 이를 위해 각 대학에선 어떤 교육과정에 의해 교육을 하고 있는지를 조사할 필요가 있다. 또한, 현재 나는 과학교사가 되기 위해 어떤 노력을 하고 있는지를 소개하는 것도 좋은 방법이 될 것이다.

(3)-1 창의적 체험활동상황: 자율활동

▶ 전년도 기출문제 소개

예 1) 학교 자랑을 해 보시오.
예 2) 학교 폭력을 예방하기 위해 체육 활동이 강화되고 있다. 장단점은 무엇인가?

▶ 학생부 작성의 실례

학년	창의적 체험활동상황		
	영역	시간	특기사항
1	자율활동	28	학급 반장(2014.03.01.~2015.02.28.)으로서 책임감과 봉사정신을 가지고 급우들의 의견을 존중하여 학급 문제를 해결하며 학급 전체의 인화를 위해 노력함. 학교폭력 예방에 많은 관심을 가지고 있으며, 교내 학교폭력예방 다짐결의대회(2014.04.05.)에서 학교폭력 예빙빙안에 대해 학납대표로 발표함. 흡연예방교육(2014.06.14.) 동영싱을 시청한 후 교내에서 실시한 흡연예방 캠페인에 직접 참여하여 학생들에게 적극 홍보함. 학교 축제(2014.11.10.)에서 시물놀이 공연에 참가하여 승농체 의식을 함양하고 자신의 재능과 끼를 보여줌.

▶ 학생부 항목의 분석+면접 예상 질문에 대한 답변 작성의 실제

위 기출문제를 살펴보면 봉사활동 실적 중 가장 인상 깊었던 활동을 물어봄으로써 학생의 실제 봉사활동 여부와 인성, 사회성, 공동체 의식 등을 묻는 문제가 주류를 이루고 있다. 앞으로 면접에서 학생부의 비중이 높아진다면 창체활동에서 학업역량을 평가할 수도 있고, 전공과 진로 탐색 영역의 질문도 할 수 있을 것이기에 만반의 준비를 해야 할 것이다.

자율활동 영역은 학교에서 교육과정에 의해 마련된 활동에 얼마만큼 성실하게 참여했고, 활동에 어느 정도 의욕을 보였으며, 행동에 진보를 보였는지, 태도는 어떻게 발전하였는지를 담임교사가 기록하는 란이다. 참고로 자율활동의 세부활동 내용은 아래 표와 같다.

영역		세부활동 내용
자율 활동	적응활동	입학, 진급, 전학, 기본생활습관 형성, 축하, 친목, 사제동행, 학습 · 건강 · 성격 · 교우 등의 상담활동 등
	자치활동	학급회, 학생회 협의활동, 모의 의회, 토론회, 자치법정 등
	행사활동	시업식, 입학식, 졸업식, 종업식, 전시회, 발표회, 학예회, 경연대회, 학생건강체력평가, 체육대회, 수련활동, 현장학습, 수학여행, 문화답사, 국토순례 등
	창의적 특색활동	학생 · 학급 · 학녀 · 학교 · 지역특색활동, 학교전통수립 · 계승활동 등

먼저 위 자율활동 예시문을 살펴보자. 학급 반장으로 학급 문제를 해결했고 학급 전체의 인화를 위해 노력했다고 하는데, 많은 사례 중 기억에 남는 한두 가지 사례는 기록으로 남겨 두어야 할 것이다. 아울러 이처럼 오랜 기간을 두고 지속해서 했던 활동은 반드시 한두 가지 에피소드를 기록으로 정리해 둘 필요가 있다. 면접관이 사실 여부를 확인할 수도 있고 이야기를 하는 중에 학생의 내적 발달 상태를 확인할 수 있으니 말이다.

두 번째로 학교폭력예방대회가 언급되어 있다. 앞서 경진대회에서 정리한 바와 같이 어떤 종류의 대회였는지 대회 요강 등을 참고하여 정리해 둘 필요가 있다. 학급 대표로 출전하게 되었다는데 여기엔 나름의 이유가 있을 것이다. 앞에서 이야기한 틀에 맞추어 내용을 기록해 두도록 하자.

> **참여 계기 – 대회 내용 – 느낀 점 – 태도 변화 – 확산 활동**

▶ 예비 수험생이 이 칸을 풍성하게 채우려면

그런데 의문이 생기는 사항이 있다. 자율활동의 각 세부활동이 대개 일방적으로 주어지는 활동이다 보니 내가 얼마만큼 성실하게 참여했고 의욕을 보였는지를 표출하기가 쉽지 않다. 학생부를 참신하게 기록하고 싶은 학생들은 다음 내용을 주목해 보자.

위의 예시에 기록된 내용을 살펴보자. 첫 문장에서는 이 학생이 반장으로서 일년 동안 학급회의를 여러 차례 진행했을 것이고, 의견 대립 또는 급우들의 의견에 귀 기울여 조치한 내용이 있을 것이기에 위와 같이 기록되었다. 자신의 책임을 다하는 모습에서 학생의 리더십도 엿볼 수 있을 것이다.

두 번째 문장을 보면 학교에서 마련된 학교폭력예방 다짐결의대회가 있는데 그 대회에서 학교폭력 예방방안을 학급을 대표해서 발표했기에 그 내용이 기록된 것이고, 이 기록을 보면 학생의 적극성 또는 진취적인 성향을 엿볼 수 있다.

세 번째 문장도 학교폭력과 연계하여 흡연예방을 위해 캠페인에 직접 참여하는 적극적인 면을 보여주고 있다. 학생이 학교생활에서 문제가 되는 것들을 좌시하지 않고 해결하려고 애쓰는 면이 두드러져 보인다.

마지막 문장을 살펴보면 학교 행사를 통해 사물놀이 공연을 보여줌으로써 학생의 예술적 마인드와 끼도 엿볼 수 있다.

이처럼 기록된 내용을 조금만 자세히 들여다보면 학생의 여러 가지 내면의 모습을 살펴볼 수 있다. 그러면 나는 이렇게 활동해야 이처럼 자율활동 기록에서 나를 보여줄 수 있을까?

첫째는 당연하게 들리겠지만, 학교에서 마련된 각 행사 등에 적극적으로 나서야 한다는 것이다. 위 학생의 경우 학교폭력, 흡연예방교육 등 남들이 하지 않는 활동을 하고 있다. 그래서 부각이 되었고 그런 면이 기록에 남아 있지 않은가? 이제부터 결심하자. 남들이 하지 않는 것에 적극적으로 나서기를 말이다. 가령 학급회의 시간마다 어떤 의견이라도 좋으니 한 가지 이상씩 말하기를 해보자. 처음엔 주위 친구들이 의아하게 쳐다보기도 할 것이지만 계속하다 보면 친구들도 인정하게 된다. 그러다 보면 발표를 하지 않는 날엔 왜 발표를 안 하느냐고 물어보는 날도 올 것이다. 이런 당장의 불편함과 어려움을 극복해야 자신만의 스토리도 만들어지고 면접 시 학교생활 중 가장 기억에 남는 활동에 의미 있는 나만의 이야기를 펼칠 수 있기 때문이다.

둘째로 주어진 활동에 자신만의 창의적인 계획과 아이디어를 녹여 보자는 것이다. 매 행사 시 학생들이 불편을 호소한다거나 개선되었으면 하는 것을 표출하는 것을 볼 수 있을 것이다. 그런 면을 잘 관찰하고 어떻게 해결하면 좋을지를 고민해 보자. 한 가지 예를 들어보자. 자율활동 시간에 각종 미디어를 통한 교육을 받을 것이다. 재미있는 콘텐츠야 뭐 집중해서 보지 말라고 해도 열심히들 보곤 한다. 그러나 학교폭력예방, 안전사고예방과 같이 딱딱한 내용인 경우는 집중도가 떨어지기 마련이다. 내가 만약 그림을 잘 그린다고 치면 그 내용을 몇 컷짜리 만화로 그려 학급에 게시하는 것은 어떨까? 집중해서 보지 못한 친구들과 다른 일로 그 자리에 없었던 친구들에게도 도움이 될 것이다. 또 다른 예로 내가 사진 찍는 것에 취미가 있다고 하자. 그렇다면 학급에서의 일상과 학교 주요 행사 시에 사진을 전담해서 찍어 보자. 찍은 사진을 학급 홈페이지에 게시하고, 잘 나온 인물사진은 그 친구에게 소중한 선물이 될 것이다. 아울러 학기 말 또는 일정이 끝나는 시기에 모아 놓은 사진으로 동영상을 만들어 학급 친구들에게 보여 준다면 좋은 추억을 선물할 수도 있을 것이다.

조용히 있어도 나를 알아주겠지 하면 안 된다. 기록을 담당하는 담임교사의 눈에 자주 띄어야 한다. 지속적인 활동이어야 교사의 뇌리에 기억될 것이고, 독특한 나만의 아이디어를 녹여 낸다면 차별화된 나만의 활동으로 이 란을 채울 수 있을 것이다. 자, 지금 머릿속에 스쳐 지나가는 생각을 정리해 보고 어떻게 실천할지 가다듬어 보고 구체화해 보자.

(3)-2 창의적 체험활동상황: 동아리활동

▶ 전년도 기출문제 소개

예 1) 수학 축제에 참가했다고 되어 있는데 어디에 갔었고, 기억에 남는 활동은 무엇인지 말해 보시오.
예 2) 동아리에서 자신이 한 역할에 관해 이야기해 보시오.

▶ 학생부 작성의 실례

동아리 활동	224	(멀티미디어 제작반 / 34시간) 영상 관련 분야에서 자신의 능력과 역량을 충분히 발휘하며, 특히 UCC 제작과 동영상 편집 능력이 탁월함. (배드민턴셔틀마니아클럽: 방과후학교 스포츠클럽 / 190시간) 클럽의 총부로 대회 주선 및 회원 모집을 도맡아 하고, 민첩성과 순발력이 뛰어나 강력한 스매시를 구사하며, ○○시(도) 대표로 제4회 전국 학교스포츠클럽대회에 참가하였고, 매주 토요일(13:00~16:00) 교내 연습과 타 학교와의 경기 등 방과후학교 스포츠클럽 활동에 열심히 참여함.

▶ 학생부 항목의 분석+면접 예상 질문에 대한 답변 작성의 실제

위 기록 내용을 살펴보면, 학생은 정규교육과정의 동아리활동과 정규교육과정 이외의 학교스포츠클럽 활동을 했고 이에 대한 기록이 남아 있다. 멀티미디어 제작반 기록 내용을 살펴보면 영상 관련 분야에 관심이 많다고 했는데 그 계기가 있을 것이고, 그쪽 방면의 능력과 역량을 발휘하려면 오랜 시간의 준비가 있었다는 이야기인데 어떤 노력을 기울였는지를 정리해 둘 필요가 있겠다. 또한, UCC 제작과 관련된 주제를 어떤 형식으로 제작하였고, 만약 여럿이 만들었다면 개인의 역할 및 기여는 어떠했는지를 기록해 두어야 하겠다. 또한, UCC 제작 시 있었던 에피소드와 힘들었던 점은 무엇이 있었는지, 어떻게 극복했는지를 기록해 둔다면 면접관의 여러 질문에 효과적으로 대처할 수 있을 것으로 기대된다.

다음으로 방과후학교 스포츠클럽 활동을 살펴보자. 배드민턴을 정규교육과정이 아닌 방과후학교로 활동했다는 것은 그만큼 관심과 실력이 겸비되어 있음을 엿볼 수 있다. 배드민턴에 입문하게 된 계기, 동아리활동 시 있었던 한두 가지 에피소드, 방과후학교 활동 후 느낀 점 등을 체계적으로 기록해 둔다면 좋은 면접 자료로 활용할 수 있을 것이라 기대된다.

동아리활동에서 자칫 빠뜨리기 쉬운 것은 과연 내가 동아리 발전을 위해 무엇을 했는가이다. 위 학생의 경우 배드민턴 클럽에서 총무를 맡아 신입회원 모집도 하고 교내 연습 시간도 마련했으며 각종 대회도 주선하였다. 회원도 늘고 충분한 연습을 바탕으로 대회에 나가 좋은 성적을 거둔다면 동아리는 빠르게 활성화될 수 있을 것이다. 동아리 발전을 위한 나의 역할 및 기여도 역시 활동 내용 한편에 기록해 두는 것이 필요하다.

▶ 예비 수험생이 이 칸을 풍성하게 채우려면

동아리활동란을 풍성하게 채우고 싶은 우리 예비 수험생들은 어떻게 하면 좋을까? 앞서 수상경력, 진로희망 사항과는 달리 학생들의 노력 여하에 따라 기록 내용에 상당한 차이가 발생할 것이기에 성실하게 참여하여 좋은 기록이 작성될 수 있도록 노력해야겠다.

왜 이런 노력이 필요할까? 동아리활동은 관심 있는 선후배들 간에 모여서 시간을 들여 함께하는 활동으로, 면접관은 동아리활동을 통해 이 학생의 흥미와 취미, 성취 능력, 의사소통 능력, 창의성 등을 볼 수 있기 때문이다. 다시 말하면 동아리활동을 통해 이러한 면이 발휘될 수 있게끔 활동해야 한다.

그렇다면 동아리활동을 통해 위에서 언급한 면들을 어떻게 발휘할 수 있을까?

동아리활동으로 채울 수 있는 활동의 종류는 고등학교에서는 크게 네 가지이다. 정규교육과정 내 동아리활동(예: 영어회화반), 학교교육계획에 의한 자율동아리활동(예: 로봇반), 학교교육계획 이외의 청소년단체활동(예: RCY), 정규교육과정 이외의 학교스포츠클럽 활동(예: 방과후학교 스포츠클럽)이다. 이 중 정규교육과정 내 동아리활동은 학교에서 제공하기 때문에 자신의 꿈과 끼를 발휘할 수 있는 정규 활동을 선택하면 될 것이다. 그 외 한 가지 활동을 더 하는 것이다. 내가 만약 '마술'을 좋아하고 시간을 들여 배우고 싶다면 학교 자율동아리 중 '마술 동아리'에 가입하여 활동할 수 있을 것이다. '축구'를 좋아해서 매주 운동하면서 실력도 쌓고 교우관계의 폭도 넓히고 싶다면 방과후학교 스포츠클럽을 신청하면 될 것이다.

본격적인 동아리활동에 앞서 뚜렷한 목표가 있어야 하겠다. 별생각 없이 정기적인 활동에 임하게 되면 뭔가를 익힐 수는 있겠지만, 나만의 스토리는 만들 수 없기 때문이다. 이런 목표를 정해 보자. 동아리를 통한 나의 발전이 아닌 나의 활동을 통한 동아리의 발전을 말이다. 올 한 해 동아리활동을 하면서 동아리를 어떻게 발전시킬 수 있을지 말이다.

예를 들어 보자. 위에서 언급한 '마술 동아리'에 가입했다고 하자. 가입한 동아리에서 매주 정기적인 모임을 하는데, 꾸준히 재미있는 마술 한 가지씩을 익히기만 할 뿐 그 이상의 활동은 하지 않는다고 치자. 동아리를 어떻게 발전시킬 수 있을까? 익힌 마술을 모아 학교 축제 등에서 마술 공연을 해 보는 것은 어떨까? 공연을 성공적으로 마치게 된다면 학교 구성원들에게 동아리를 홍보할 수 있을 것이고 더 많은 회원을 모집하여 규모도 늘릴 수 있을 것이다.

구체적인 목표를 설정하여 추진하다 보면 여러 가지 어려움에 부닥칠 것이다. 시도하지 않았으면 겪지 않았을 불편한 상황에 노출되기도 할 것이다. 당장 동아리 구성원 중에 이 목표에 반대하는 회원들이 있을 것이고, 이들을 어떻게 설득시킬 것인가 고민을 하게 될 것이며 어떤 노력과 시도를 할 것이다. 이런 식으로 목표를 달성하기 위해 한 발씩 내딛다 보면 점진적인 성장이 일어날 것이고 이것들이 모여 나만의 멋진 스토리가 만들어질 것이다. 물론 이러한 과정을 동아리 지도 선생님도 볼 것이므로 그 과징 및 개인적 득징을 얼마든지 기록에 담아 줄 수 있을 것이다.

(3)-3 창의적 체험활동상황: 봉사활동

▶ 전년도 기출문제 소개

예 1) 자신이 한 봉사활동 중 가장 의미 있는 활동은 무엇이며, 그 활동이 삶에 미친 영향에 대해 말해 보시오.
예 2) 봉사 시간이 많은데 봉사가 중요하다고 생각하는가?

▶ 학생부 작성의 실례

봉사활동	○○시의 '성 지킴이'로 격주 토요일마다 성곽 주변 쓰레기 줍기, 관람객 안내 하기 등의 활동을 하였고, 2014 ○○문화제(2014.10.06.~2014.10.10.)에서는 행사진행 보조요원으로 활동함(2014.03.21.~2014.12.18. / 56시간), 월 1회 정기적으로 ○○도서관을 방문하여 도서관 홍보전단 발송, 열람실 도서 정리, 열람실 청소, 책·걸상 닦기, 도서 대출 및 반납 보조, 어린이 도서 찾아주기 등의 활동을 함(2014.04.01.~2014.11.30. / 32시간).

▶ 학생부 항목의 분석

위 봉사활동 기록을 살펴보면 세 가지 주요 활동이 있다. '성 지킴이', '문화제 행사진행 보조요원', '도서관 도우미' 등이다. 먼저 면접관이 질문할 수 있는 것은 왜 이런 활동을 했는가일 것이다. 봉사활동 영역과 종류가 많을 텐데 이 세 가지 활동을 한 데는 구체적인 이유가 있을 것이므로 그 이유를 물을 수 있다. 이를 통해 면접관은 학생의 봉사에 대한 인식과 남을 배려하는 마음 등을 엿볼 수 있기 때문이다.

다음으로 지속적인 봉사활동을 하다 보면 여러 가지 에피소드가 있을 것이다. 가장 기어에 남는 활동이나 가장 힘들었던 활동에 관해 물어볼 수 있다. 이를 통해 면접관은 학생이 실제 봉사활동을 수행했는지, 어떤 마음가짐으로 임했는지를 알아볼 수 있기 때문이다.

또한, 정기적인 봉사활동을 통해 학생이 느끼고 변화된 태도 영역이 있을 것이다. 어떤 것을 느꼈고, 그것을 통해 내면적으로 어떤 변화가 일어났는지, 활동 이후의 소감 등에 대해서 물어볼 수 있을 것이다. 이 질문을 통해 면접관은 학생의 내면적인 성숙과 잠재력을 엿볼 수 있기 때문이다.

▶ 면접 예상 질문에 대한 답변 작성의 실제

앞서와 마찬가지로 위에서 도출한 질문들에 대한 나만의 답변을 글로 기록해 보자. 글로 작성함으로써 과거의 내용을 정리해 보고 또 필요할 때 찾아서 읽어 봄으로써 당시의 기억을 회상할 수 있기 때문이다.

위의 예시 기록이 나의 기록이라고 생각해 보고 앞서 질문한 것들에 대한 답변을 기록해 보자. 성 지킴이, 문화제행사 진행요원, 도서관 도우미 활동을 과연 내가 왜 한 것일까? 다른 많은 영역과 활동도 있는데 굳이 이들 활동을 한 데는 어떤 이유가 있는 것일까? 자문해 보고, 당시의 상황을 떠올리면서, 또 관련 기록이 있으면 찾아보면서 답변을 적어 보자. 성 지킴이, 지역 문화제 행사에 참가했다는 것은 은연중에 내가 지역 내 유적물과 지역 행사에 관심을 갖고 있는 것은 아닐까? 대다수가 큰 관심을 두지 않는 지역 유적물과 지역 행사에 관심을 두고 이의 보전과 발전을 위해 기여하고 싶은 마음이 있었던 것은 아닐까? 그런데 도서관 도우미 활동은 왜 꾸준히 하게 된 것일까? 이들 세 가지 활동의 연관성은 무엇일까를 고민해 보고 답변을 기록해 보면 좋을 것이다. 아울러 위의 활동을 하면서 가장 기억에 남는 활동 또는 가장 힘들었던 일, 가장 보람되었던 일 등을 떠올려서 함께 기록해 보자. 끝으로 이런 봉사활동을 한 이후에 과연 무엇을 느꼈고, 내 일상생활 또는 행동에 어떤 변화가 있었는지를 곰곰이 생각해 본 후에 기록해 보자.

이런 고민과 생각을 바탕으로 아래와 같은 나만의 답변을 기록해 볼 수 있을 것이다.

유년 시절 소풍 장소로 자주 찾았던 ○○성은 내 오랜 친구와 같다. 어린 시절 내가 뛰어놀던 추억의 장소이며 늘 한결같은 모습으로 오랜 역사의 숨결이 느껴지는 곳이다. 그런데 최근 우연히 그곳을 지나가다 보니 쓰레기가 잔뜩 버려져 있고 풀이 무성하게 자라 있었다. 관리가 제대로 되고 있지 않은 것 같아 마음이 언짢아졌다. 내 오랜 친구와도 같은 이곳을 깨끗하게 관리하고 이곳을 찾는 다른 이들도 나와 같은 추억을 남길 수 있도록 내가 할 수 있는 일이 없을까 생각해 보게 되었다. ○○성 관리소에 이러한 이야기를 하였고 격주로 할 수 있는 자원봉사 활동을 신청하게 되었다.

이 봉사활동을 하면서 가장 보람을 느꼈던 일은 이 성을 찾아온 사람들의 편안하고 행복한 표정을 보는 것이었다. 나도 그때의 행복을 추억할 수 있어서 좋았고, 내 작은 봉사로 그들의 행복에 기여할 수 있다는 것이 좋았다.

이런 잊혀 가는 일들에 대한 아쉬움과 잘 보존해야겠다는 마음을 먹고 주변을 돌아보게 되었다. 그때 해마다 열리는 지역 문화 축제인 ○○문화제를 보게 되었다. 많은 인원이 찾는 이 축제의 질서 유지 및 원활한 행사 진행을 위해 진행요원을 신청하였다. 처음 하는 일이라 일이 서툴고 미흡해서 힘들었지만 원만한 행사 진행에 일조한다고 생각하니 가슴 뛰고 뿌듯했다.

행사를 마친 후 누군가를 돕는 것이 나의 기쁨이자 보람이 될 수 있다는 것을 알게 되었고, 이 기쁨을 계속 누리기 위해 집 근처에 있는 ○○도서관 사서 도우미 활동을 신청하였다. 매월 한 번씩 찾아가서 도서 정리도 하고 어린이들이 책 찾는 것도 도와주고 열람실 청소도 하며 도서관을 찾는 사람들이 쾌적하게 이용할 수 있게끔 활동하였다.

이와 같은 일련의 봉사활동 후 나의 조그마한 수고로 여러 사람에게 즐거움과 행복을 줄 수 있다는 것을 느꼈다. 아울러 무심코 누리기만 했던 것들에서 내가 할 수 있는 것을 찾아 참여함으로써 주인 의식과 책임감을 느끼게 되었다.

앞으로도 다른 영역의 봉사활동에도 참여하고 싶다. 특히 한 번도 안 해 본 영역을 찾아 도전해 보고 싶다. 이런 활동을 하면서 몰랐던 나에 대해서도 알아 가고 새롭게 맞닥뜨릴 환경이 기대된다.

▶ 예비 수험생이 이 칸을 풍성하게 채우려면

교육부에서 발간한 「2014 학교생활기록부 기재요령」에 따르면 "봉사활동 영역의 특기사항은 **체계적이고 지속적인** 봉사활동 등 특기할 만한 사항이 있는 학생에 한하여 활동내용 등 구체적인 사항을 입력하되, 구체적인 범위는 학교장이 정한다"고 되어 있다. 즉, 즉흥적이거나 어떤 계획을 갖고 일회성에 그치는 것이 아닌 주기적으로 봉사활동 한 내용이 들어 있어야 한다는 것이다.

일단 내가 관심 있는 분야를 생각해 보자. 또는 나의 진로 분야와 연관된 활동을 찾아보자. 간호사가 꿈인 학생이라면 요양원, 노인복지시설 등을 찾아 활동하는 것을 생각해 볼 수 있을 것이고, 사회복지사가 꿈인 학생이라면 지역아동센터 등에서 할 수 있는 일을 찾아볼 수 있을 것이다.

봉사활동은 적어도 1년 이상 꾸준히 할 수 있어야 한다. 줄기차게 끝까지 활동해야 느끼는 바도 있을 것이고 내면의 변화도 일어날 것이기 때문이다. 당장에 생각했던 바와 다르다고, 또는 조금 힘들다고 포기해선 안 되고 결정했다면 끝까지 해 보는 악바리가 되어 보자.

가장 중요한 것은 내가 할 수 있는 봉사활동을 찾아야 한다는 것이다. 취지도 좋고 마음은 있는데 너무 큰 비용과 시간을 할애한다면 지속해서 할 수 없기 때문이다. 내가 좋아하고 할 수 있는 활동을 찾아보자.

그리고 매 활동 이후에 짧게라도 후기를 기록해 두도록 하자. 어떤 일을 했고, 무엇을 느꼈으며 다음에 좀 더 발전적으로 활동하기 위해 어떤 점을 보완해야 할지를 기록해 보자.

예를 들어, 수자원학과에 진학하려는 학생이 자율동아리인 과학동아리에서 활동하고 있다고 가정해 보자. 체험활동으로 지역 내 상하수처리장을 견학해 보는 것이 큰 도움이 될 것이다. 체험활동 장소를 추천하고 같은 동아리 회원들에게 가야 할 필요성을 이야기하며 설득해야 할 것이다. 체험 장소가 그곳으로 결정되었다면 어떻게 오고 가야 할지를 찾아봐야 할 것이다. 동아리 부장, 동아리 지도 교사와 방법 또한 고민해 봐야 할 것이다. 아울러 그냥 체험 장소에 가면 겉핥기식이 되기 쉬우므로 체험학습 자료집을 제작하면 본인뿐만 아니라 같은 회원들에게 도움이 될 것이다. 그리고 체험학습 전 사전학습을 통해 내용을 숙지한다면 보다 실속 있는 체험이 될 것이다. 질문할 내용을 구상해 보는 것도 좋을 것이다. 체험활동 이후 체험활동 소감문을 작성하여 동아리 학생들과 나누어 보는 것도 좋은 방법이 될 것이다. 그러면서 활동을 통해 느낀 점을 기록해 보고 확산될 활동으로 학교에서 할 수 있는 간이정수처리 과정에 대해 탐구 실험을 해 보는 것도 도움이 될 것이다.

더 나아가 나와 같은 영역의 봉사활동을 즐겨 하는 학생들을 모아 학교 자율동아리를 만들어 보는 것도 좋은 방법이다. 혼자 할 때보다 여럿이 할 때가 일의 능률도 있고 더 큰 도움을 제공할 수 있기 때문이다. 동아리를 조직해서 정기적으로 모여 현재 봉사활동 전반에 대한 이야기를 나누면 발전 방향을 모색해 보고, 학교 축제 등에서 발표회를 가지거나 관심 있는 다른 친구들에게도 소개하는 등 활동의 폭을 넓힐 수도 있을 것이다.

(3)-4 창의적 체험활동상황: 진로활동

▶ 전년도 기출문제 소개

예 1) 생활기록부에는 약사라고 장래 희망을 적었는데 바뀐 이유와 이 분야에서 활동한 것이
    있으면 이야기해 보시오.
예 2) 이 과에 오기 위해 무엇을 준비하였나?

▶ 학생부 작성의 실례

진로활동	34	월 1회 '진로의 날' 행사를 통하여 진로 선택에 대한 안내를 받고 각종 서적이나 참고문헌, 인터넷 사이트를 통한 직업 탐색 및 적성에 맞는 직업 탐색군 조사 등의 활동을 함. 2학기 진로활동 시간에 아로 플러스 검사를 실시함. 본인의 적성에 적합한 직업 분야(중등학교 교사, 기자, 상담전문가 분야)에 대하여 진로탐색 및 진로계획서를 작성함.

▶ 학생부 항목의 분석

우선 이 학생이 진로의 날에 어떻게 직업 탐색을 했는지가 궁금해진다. 서적, 참고문헌, 인터넷 사이트를 통해서 직업 탐색을 했다고 했는데 어느 방법이 학생에게 가장 효율적이었는지를 물어볼 수 있다. 아울러서 매월하는 이 활동을 통해 얻은 유익한 정보는 무엇인지, 또 하면서 힘들고 어려웠던 점은 무엇이었는지를 물어볼 수 있다. 이런 질문들을 통해 면접관은 학생의 프로그램 참여도와 열의를 엿볼 수 있기 때문이다. 또한, 미래 희망 진로 등에 대해 구체적인 생각을 하고 있는지를 엿볼 수 있을 것이다.

다음으로 적합한 직업 분야로 교사, 기자, 상담전문가 등이 나왔는데 본인의 적성과 맞는다고 생각하는지, 만약 맞는다면 어떤 면이 그러한지를 깊이 있게 물어볼 수도 있을 것이다. 또한, 구체적으로 어떤 직업이 본인에게 맞는다고 생각하는지를 추가로 물어볼 수도 있을 것이다. 이런 질문들을 통해 면접관은 학생이 미래 진로에 대해 구체적으로 생각하며 탐색하고 있는지를 알아볼 수 있을 것이기 때문이다.

끝으로 면접관은 학생이 작성한 진로계획서를 소개해 달라고 요구할 수도 있을 것이다. 어떤 형식으로 어떤 내용을 기록했는지 작성하면서 느낀 점과 태도 등의 변화를 곁들여 물어볼 수도 있을 것이다. 이를 통해 면접관은 학생이 학교 프로그램에 충실하게 참여했는지의 여부와 진로 탐색에의 성실성을 평가할 수 있을 것이기 때문이다.

▶ **면접 예상 질문에 대한 답변 작성의 실제**

앞에서의 질문 항목에 하나하나 답변을 정리해 보면 다음과 같다.

먼저 진로의 날 행사에서 서적, 참고문헌, 인터넷 사이트 중 어느 방법이 내게 효율적이었는가를 생각해 봐야 하겠다. 주변 친구들은 어떤 방법을 선호하는지 각 방법의 장단점은 무엇인지 등을 기록해 본다면 도움이 될 것이다. 검색하면서 가장 어렵고 힘들었던 점은 무엇이 있는지를 생각해 보고, 위에 제시된 방법 이외에 추가로 소개할 방법은 무엇인지를 곁들이면 좋을 것이다.

다음으로 교사, 기자, 상담전문가 등의 공통된 직업 특성에는 어떤 것들이 있는지 기술해 보는 것도 좋을 것이다. 그러면서 도출된 성격 중 어느 면이 자신과 맞는지를 비교해 보면 좋을 것이다. 아울러 이 세 가지 직업 중 어느 직종이 가장 마음에 와 닿는지를 떠올려 보는 것도 좋은 기록 요소가 될 것이다.

끝으로 자신이 작성한 진로계획서 내용을 소개하는 글을 적어 보자. 진로계획서는 어떤 형식으로 되어 있고 각 항목에 어떻게 답변했는지 또한 부각하고 싶은 면은 어떤 것인지를 기록해 보자. 이러한 진로 탐색의 활동을 통해 어떤 것을 느꼈고 어떤 내면의 변화와 태도의 변화가 생겼는지를 구체적으로 기록해 보면 면접 보는 데 도움이 될 것이다. 위의 내용을 가상의 시나리오로 직접 글로 써 보면 다음과 같다.

대개의 학생과 마찬가지로 나에게도 되고 싶고 하고 싶은 일은 막연했다. 어려서부터 무얼 할지 정해야 한다는데 솔직히 깊이 있게 고민해 본 적도 없었고 누가 추천을 해 주거나 도움을 받은 적도 없었다. 고등학교에 진학한 후로 매월 1회 '진로의 날' 행사를 했는데 이는 서적, 참고문헌, 인터넷 사이트 등을 이용하여 나의 진로를 탐색하는 활동이다. 나의 친구들은 빠른 인터넷 사이트를 주로 활용했는데 방대한 자료에 쉽게 접근할 수는 있으나 그 자료의 객관성 또는 신뢰성에 의심이 갔다. 그래서 나는 시간이 좀 걸리더라도 서적을 주로 활용하였다. 서적을 이용하는 친구들이 적다 보니 많은 양의 자료를 시간을 두고 찾아볼 수 있었다.

자료 탐색 중 특히 어려웠던 점은 모르는 용어에 대한 설명과 구체적으로 이 직업에서 어떤 일을 하는지가 머릿속에 잘 그려지지 않는다는 것이있다. 실세 이 식업에서 활동하는 사람들의 생생한 이야기를 들었으면 하는 마음이 간절했다.

커리어넷에 있는 아로플러스 검사를 해 보니 내 성향은 교사, 상담전문가, 기자 등의 직업군이 선택되었다. 세 직업의 공통점은 무엇일까? 일단 사람에게 관심이 있고 자기 생각과 의중을 남에게 구체화해서 잘 전달한다는 것이다. 공감하는 능력도 뛰어나야 할 것이고, 반복되는 일이지만 쉽게 지치지 않고 꾸준히 할 수 있어야 한다. 내게 이런 면이 있는가 생각해 보았다. 내 주변의 사람들에게는 그렇지만 나와 상관이 없는 이들에겐 그렇지는 않은 것 같았다. 하지만 주변 친구들이 모르는 문제를 질문했을 때 친구들이 알아들을 수 있도록 쉽게 설명을 해 주곤 하는 것은 직업군과 내 성향이 어느 정도 일치하는 것으로 생각되었다.

2학기 진로 시간에 진로계획서를 작성하는 시간이 있었다. 다른 항목이나 내용은 기억이 나질 않지만 '고등학교 졸업 후 10년, 20년 뒤 나의 모습은 어떨까?'를 기록하는 항목이 있어서 거기에 미래 교사로서의 내 모습을 적었다. 10년 뒤의 모습에는 발령을 받은 후 환경에 적응하는 모습을 기록했고, 20년 뒤의 모습에는 어느 정도 노하우를 쌓아 학생들에게 직접적인 도움을 줄 수 있는 면을 부각해서 기록하였다. 이 활동을 통해 교사로서의 꿈을 더욱 구체화할 수 있었고 교사가 되는 방법들을 찾아보게 되었다.

▶ **예비 수험생이 이 칸을 풍성하게 채우려면**

교육부에서 발간한 「2014 학교생활기록부 기재요령」에 따르면 다음의 사항을 특기사항란에 기록할 수 있다고 되어 있다.

"특기 · 진로희망과 관련된 학생의 자질, 학생의 수행한 노력과 활동, 학생의 특기 · 진로를 돕기 위해 학교와 학생이 수행한 활동과 결과, <u>**학생 · 학부모와 진로상담을 한 결과,**</u> 학생의 활동 참여도, 활동 의욕, 태도의 변화 등 진로활동과 관련된 사항, 학급 담임교사, 상담교사, 교과담당교사, 진로진학상담교사의 상담 및 권고 내용, 학생의 학업진로, 직업진로에 대한 계획서, 진로와 관련된 각종 검사를 바탕으로 특기사항을 입력할 수 있다."

이러한 항목의 특기 사항을 채우기 위해 내가 할 수 있는 일이 많이 제한되어 있다. 그래도 이 중 눈에 띄는 항목은 담임, 상담, 교과담당, 진로진학 교사와의 상담 및 권고한 내용을 적을 수 있다는 것이다. 나의 진로에 대해 선생님들에게 자주 찾아가 조언을 들어 보고 그들의 이야기를 귀 기울여 들어 보는 것이다. 그러면서 내 생각도 이야기하다 보면 몰랐던 정보를 얻을 수도 있고 교사들과의 상담 내용을 바탕으로 진로 탐색에 열정을 가진 나를 드러낼 수도 있을 것이다.

(4) 교과학습발달상황

▶ **전년도 기출문제 소개**

예 1) 교과목 중 가장 좋아하는 과목은 무엇이고, 그 이유는 무엇인가?

예 2) 2학년 때 상대적으로 성적이 떨어졌는데 그 이유는 무엇인가? STEAM 교육에 대해 적혀 있는데 어떤 것이었는가?

▶ 학생부 작성의 실례

[1학기]

교과	과목	1학기				2학기				비고
		단위수	원점수/ 과목평균 (표준편차)	성취도 (수강자 수)	석차 등급	단위수	원점수/ 과목평균 (표준편차)	성취도 (수강자 수)	석차 등급	
… 국어 상업 정보 …	… 국어 상업경제 …	… 4 3 …	… 81/75(7.9) 72/82.1(10.1) …	… B(240) C(240) …	… 4 …	… 4 3 …	… 75/72(7.3) 92/86.3(12.7) …	… C(241) A(241) …	… 4 …	
이수단위 합계										

과목	세부능력 및 특기사항
(1학기) 사회	자료를 조직적으로 분석하는 능력이 뛰어나며 이를 통하여 '인권과 관련한 사회적 쟁점 조사하기' 수행평가에서 사형제도 존폐 논쟁에 대한 찬성과 반대의 입장을 고르게 자료 수집하였고 다른 나라의 사례들도 구조적으로 정리를 잘함. 또한 자신의 입장을 분명하게 발표하여 친구들의 박수를 받았고, 지역갈등 관련 단원에서 쓰레기 매립장 유치문제를 해결하는 역할놀이에서 지역대책위원장 역할을 맡아 매립장을 유치할 경우 마을에 나타나는 문제점을 잘 지적해내어 지역주민의 입장을 확실하게 대표해 내는 등 평소 시사문제에 관심이 많아 신문을 꼼꼼하게 숙독하여 주요 내용을 스크랩을 해 놓으며 신문사별 사설을 비교하여 정리함으로써 현실 사회의 주요 이슈들에 대한 균형 있는 태도를 가짐.

▶ **학생부 항목의 분석+면접 예상 질문에 대한 답변 작성의 실제**

기출문제를 살펴보면 좋아하는 과목과 싫어하는 과목에 대해서 학업계획은 어떻게 세워서 실천했는지, 성적에 큰 변화가 생긴 경우에는 그에 대한 이유를 묻고 있다. 학업계획과 실천은 실제 수험생들이 직접 실천해 봐야 몸에 익힌 것을 이야기할 수 있을 뿐만 아니라 답변에 대해 꼬리를 무는 심층 질문에도 능숙하게 답변할 수 있다. 아울러 학업성적에 큰 변화가 생긴 데는 뭔가 중요한 이유가 있을 것이기에 이에 대한 답변도 준비해야 할 것이다.

또 수험생들이 놓치는 한 가지는 학업계획과 실천은 있는데 나름의 평가를 통해 좋은 점은 발전시키고 나쁜 점은 개선하는 등의 피드백을 간과하는 것이다. 예를 들어, 영어 공부를 하는데 독해 능력이 부족하여 매일 독해 지문 5개씩을 풀이한다고 계획을 세웠다고 하자. 실천하다 보면 잘 되는 날도 있고 그렇지 못한 날도 있을 것이다. 일정 기간을 학습한 이후에 자신의 영어과 학업성취도 변화를 점검해 보았을 것이다. 성적이 오르거나 떨어지거나 나름의 뭔가 이유가 있을 것이고, 이를 분석해 보아야 한다는 것이다. 올랐다면 어떤 부분 잘 되고 있는지, 내려갔다면 어떤 점을 개선해야 할지를 결정해서 다음 계획에 반영해야 한다는 것이다.

앞서 언급했던 면접관의 면접 주안점을 살펴보자. 학업에 대한 열정, 전공과 진로에 대한 관심, 인성, 사회성, 공동체 의식 변화 등이었다. 학업성취도 향상을 통해서 학업에 대한 열정을 가장 잘 표현할 수 있을 것이다. 설사 성적이 떨어졌더라도 이에 대한 대비책과 극복방안을 잘 표출할 수 있어야 할 것이다. 학업성취도 변화를 통해 전공과 진로에 대한 관심을 표현할 수도 있어야 할 것이다. 예를 들어, 성적이 좋지 못했던 특정 교과 성적이 향상되었다면 이는 교과와 연관된 전공 및 진로에 관심을 나타낼 수 있기 때문이다.

위에 기록된 것을 바탕으로 면접 질문 요소를 도출해 보자. 1학기 사회과목 세부능력 및 특기사항을 중심으로 보도록 하겠다. 기록 내용을 보면 학생이 자료를 정리하는 능력이 우수하다는 것과 사건에 대해 균형 있는 안목을 갖고 있다는 것이 표현되어 있다. 이를 검증하기 위한 약간의 질문을 던져 볼 수 있을 것이다. 예를 들어, 사형제도 존폐에 대한 찬성과 반대 입장의 근거 한 가지씩을 제시하고, 당시 학생의 의견은 어떠했는가를 물어볼 수 있을 것이다. 또한, 쓰레기 매립장 유치 문제를 놓고 지역대책위원장 역할을 했다고 했는데 지역민을 대표해 어떤 문제점을 이야기하였는지 1~2가지 이야기해 보라는 질문도 받을 수 있을 것이다. 끝으로 신문사별로 사설을 스크랩해 놓는다고 했는데 가장 최근에 정리한 사설 내용을 소개해 보라든지, 이런 활동의 유익점 등을 물어볼 수도 있을 것이다.

(5) 독서활동상황

▶ 전년도 기출문제 소개

▶ 학생부 작성의 실례

학년	과목 또는 영역	독서활동상황
1	국어	(1학기) '교실 밖 국어여행(강혜원, 박영신, 서계현)', '국어 교육을 위한 국어 문법론(이관규)'을 읽고 학교 수업에서 배운 국어 지식을 더욱 확장시킴. 또한 '국어생활백서(김홍석)'를 읽고 자신의 잘못된 국어 지식을 바로 잡음.
	음악	(2학기) '모차르트, 천 번의 입맞춤(모차르트)', '모차르트(미셸 파루티)', '청소년을 위한 서양 음악사(이동활)' 등을 읽고 작곡가의 삶 속에 반영된 음악성과 작품배경을 이해함.

▶ 학생부 항목의 분석

앞서 언급한 면접관의 면접 관점을 상기해 보자. (1) 학업 능력, (2) 진로 탐색, (3) 인성이었는데 이를 기록 내용에서 발췌해 보자.

위에 기록된 내용을 살펴보면서 위의 관점에 해당하는 항목을 도출해 보도록 하자.

위 기록을 읽고 이 학생의 학업에 대한 성취와 태도, 열정을 엿볼 수 있을까? 국어 과목의 독서 영역을 살펴보면 세 권의 책을 읽고 자신이 기존에 갖고 있던 국어 지식을 고치고 확장했다고 표현되어 있다. 이는 본인의 부족한 점을 알고 개선하기 위해 책을 통해 이를 실천하고 있다고 볼 수 있으므로 학업에 대한 태도와 열정을 엿볼 수 있을 것이다.

다음으로 2학기 음악 과목의 독서 내용을 살펴보면 서양 음악사와 모차르트 등에 관한 책을 읽으며 음악적 소양을 키우고자 노력한 면이 엿보인다. 특히 모차르트 주제의 책을 집중해서 읽음으로써 깊이 있는 독서를 했음을 볼 수 있고, 음악적

이해를 바탕으로 공감하는 능력을 키웠으리라 볼 수 있다.

▶ 면접 예상 질문에 대한 답변 작성의 실제

위의 질문 항목을 이해하여 독서를 통한 학업에 대한 태도, 음악적 감수성을 바탕으로 공감하는 능력을 키울 수 있었음을 글로 작성하여 정리해 둘 필요가 있다. 작성하는 방법은 앞서 소개했던 '계기 - 주요 독서 내용 - 느낀 점 - 태도 변화 - 확산 활동'의 형식을 이용하면 유용할 것이다.

국어 과목에 대해서 언급해 보자면 어떤 계기로 자신의 잘못된 국어 지식을 바로잡고자 했는지, 책을 통해 어떤 내용을 보았고 잘못된 국어 지식 중 어떤 점을 고칠 것을 결심했는지, 세 권의 독서를 통해 그 외 다른 느낀 점은 없는지, 독서활동 이후 우리말을 바라보는 관점과 자신의 삶에 어떤 변화가 있는지, 관련된 다른 활동을 한 것은 없는지를 중심으로 기록해 둘 필요가 있다.

이렇게 글을 작성해 둠으로써 학업에 대한 열정과 공감하는 능력의 인성적 요소를 어필하면서 면접관이 듣고 싶어 하는 이야기를 할 수 있겠고, 면접관의 다양한 형태의 질문에도 당황하지 않고 답변할 수 있기 때문이다.

▶ 예비 수험생이 이 칸을 풍성하게 채우려면

앞서 면접관의 면접 관점(학업 능력, 진로 탐색, 인성)을 보건대 위의 면을 표현할 수 있게끔 독서활동을 전략적으로 할 필요가 있을 것이다.

예를 들어, 자신의 진로 분야에 관련된 다수의 책을 선정하여 깊이 있는 독서를 하는 것이다. 이를 통해 자신의 관점 내지는 주관을 확립하게 된다면 면접관에게 학업에 대한 열정을 보일 수 있을 것이고 전공 진로 분야에 대한 학생의 관심을 드러낼 수 있기 때문이다.

아울러 독서활동을 통해 인성 분야의 개발은 어떻게 드러낼 수 있을까? 단순히 독서활동만으로 이런 면을 부각하기에는 한계가 있으므로 독서활동 이후 확산 활동으로 봉사활동 내지는 창의적 체험활동으로 실천적인 노력에까지 연결되면 좋을 것이다. 예를 들어, 이태석 신부에 관한 책을 읽고 남을 위해 헌신하는 삶의 가치를 느꼈다면 봉사활동 내지는 봉사 관련 동아리활동 등을 통해 실천하는 모습을 보일 수 있다는 것이다.

(6) 행동특성 및 종합의견

▶ 전년도 기출문제 소개

예 1) 본인이 리더십을 발휘한 경험에 관해 이야기해 보시오. 소통하는 경영인이라고 말했는데 본인이 소통하는 능력을 발휘한 경험이 있는가?

예 2) '10억 원을 받을 수 있다면 1년 동안 교도소에서 살 수 있다'에 청소년의 47%가 '그렇다'라고 답했다. 이에 대한 당신의 생각은? '길거리에서 폭행을 당하는 사람의 동영상을 찍어서 인터넷에는 올리기는 하지만 아무도 신고는 하지 않았다' 이에 대한 의견을 말해 보시오.

▶ 학생부 작성의 실례

학년	행동특성 및 종합의견
1	유쾌하고 활동적이며 에너지가 넘치는 학생으로 다른 사람과의 대화에서 순발력과 재치가 있으며 평범한 것보다는 독특한 것을 선호함. 관심 있는 분야에 적극적으로 매진하는 집중력과 열정이 있으나 학업에 열의가 부족한 편임. 영리하고 이해력이 뛰어난 학생이기 때문에 조금 더 스스로를 절제하고 세심한 면을 키운다면 학업과 생활태도의 면에서 발전이 있을 것으로 기대함. (협력) 학급 및 학교 행사에서 적극적으로 자신의 의견을 제시하며, 타인의 의견도 존중함으로써 자율적인 학급풍토 조성에 기여하는 학생으로 창의적으로 문제를 해결하려는 모습이 돋보임. (예체능) 배드민턴 동아리활동을 적극적으로 하는 학생으로 점심시간 배드민턴 경기를 주도하여 급우들의 체력 증진에 기여하였으며 교내 동아리 대항전에 출전하여 우수한 성적을 받음.

▶ 학생부 항목의 분석

이 학생의 기질, 특징, 장단점, 됨됨이를 알 수 있는 기록으로 여러 가지를 면접 질문으로 물어볼 수 있을 것이다. 실제 이 내용을 바탕으로 구체적인 질문을 할 수도 있을 것이고 기록 이외의 본인의 기질, 특성을 이야기해 보라는 질문을 받을 수도 있을 것이다. 예를 들어, 기록 내용의 질문으로는 고등학교 재학 중 집중력과 열정을 쏟은 활동을 소개해 보라고 물어볼 수 있을 것이다. 기록 내용 이외의 질문으로 인성 요소 중 위 예시문항과 같이 고등학교 재학 시절 리더십을 발휘했던 경험을 소개해 보라고 할 수 있을 것이다. 두 질문 모두에 대한 답변을 미리 마련해 볼 것을 당부한다. 아울러 면접관은 본 기록 내용을 바탕으로 수험생의 학업에 대한 열정, 전공과 진로에 대한 관심, 인성 및 사회성 등을 총괄적으로 물어볼 수 있을 것이기에 수험생들은 이 기록을 참고하여 위의 항목에 대한 답변을 준비한다면 좋은 면접 준비가 될 것이다.

끝으로 이 내용을 참고로 면접관은 학생의 인성 및 가치관을 비구조화된 문제 상황을 제시하여 답변하는 것을 통해 또는 대답 이후의 심층 질문을 통해 학생의 내면을 엿볼 수도 있을 것이다. 위 기출문제 중 두 번째 질문을 보자. 생활 속에서 맞닥뜨릴 수 있는 문제 상황을 주고 대답을 요구하고 있다. 학생들은 이런 질문에 맞닥뜨릴 경우 고민을 할 것이다. 모범 답안을 말해야 할지, 내 생각을 이야기해야 할지 말이다. 당연히 내 생각을 이야기해야 한다. 그런데 전제는 이런 상황에 대한 내 가치관을 평소에 정립하고 있어야 한다는 것이다. 무턱대고 생각나는 대로 이야기하면 심층 질문에서 곤란을 겪을 수 있기 때문이다. 이런 질문에 대한 대비 방법은 각종 이슈 사건에 대해 내 생각과 입장을 근거를 두고 정하는 훈련을 하는 것이다. 예를 들어, '학교 무상 급식 지원에 대한 나의 생각과 그 근거는 무엇인가?'에 대해 답변을 글로 기록해 보는 것이다. 신문 기사를 살펴보면 매일매일 다양한 이슈가 포착되고 있다. 평소에 이런 훈련을 해 둔다면 나의 가치관을 정립할 수 있을 것이고, 실제 면접에서 맞닥뜨린 문제에도 유연하게 대처할 수 있으리라 생각된다.

학생부를 통한 면접 준비: 마무리

 2015년도 주요 대학의 학생부(교과, 종합) 전형에서 학생부, 서류, 면접의 반영 비율은 다음 표와 같다.

2015 주요 대학의 학생부(교과) 위주 전형 및 면접 비중

대학명	전형유형	선발	학생부(%)	면접(%)
건국대학교	KU교과우수자		100	
동국대학교	학교생활우수인재	1단계	100	
		2단계	20	20 (1단계 성적 60)
서울교육대학교	학교장 추천	1단계	서류 100	
		2단계		21 (1단계 성석 79)
서강대학교	학생부교과		75 서류 25	
한양대학교	학생부교과	1단계	100	
		2단계		100
이화여자대학교	지역우수인재 전형_ 교과	1단계	80 서류 20	
		2단계		20 (1단계 성적 80)
연세대학교	학생부교과	1단계	서류 100	
		2단계		30 (1단계 성적 70)

※ 대학별 모집전형이 변경될 수 있으니 해당 학교 홈페이지를 방문하여 요강을 확인할 것

대학명	전형유형	선발	학생부 또는 서류(%)	면접(%)
서울대학교	일반전형	1단계	서류 100	
		2단계		50 (1단계 성적 50)
연세대학교	학생부종합 (입학사정관제)	1단계	서류 100	
		2단계		30 (1단계 성적 70)
고려대학교	학교장 추천 융합형인재	1단계	서류 100	
		2단계		30 (1단계 성적 70)
서강대학교	학생부종합	1단계	서류 100	
		2단계		20 (1단계 성적 80)
성균관대학교	성균인재 (입학사정관제)		서류 100	
한양대학교	학생부종합 (입학사정관제)		학생부종합평가 100	
중앙대학교	학생부종합 (입학사정관제)	1단계	서류 100	
		2단계		30 (1단계 성적 70)
경희대학교	네오르네상스 (입학사정관제)	1단계	서류 100	
		2단계		30 (1단계 성적 70)
	학교생활충실자 지역균형 (입학사정관제)	1단계	학생부교과 70	
		2단계	서류 30	

한국외국어대학교	HUFS글로벌인재	1단계	서류 100	
		2단계	서류 50	50
	HUFS-Diplomat	1단계	서류 100	
		2단계		100
서울시립대학교	학생부종합전형 고른 기회 입학전형 I, II	1단계	서류 100	
		2단계		100

※ 대학별 모집전형이 변경될 수 있으니 해당 학교 홈페이지를 방문하여 요강을 확인할 것

위 전형 유형을 살펴보면 단계형 선발이 주류를 이루고 있다. 1단계에서 학생부 또는 서류로 일정 수를 선발하고, 2단계에서 1단계의 점수를 일부 인정해 주고 심층면접을 보거나 면접만을 보는 것을 알 수 있다. 면접관 입장에서 보면, 학생부 또는 자기소개서로 학생의 자질, 능력, 성품, 잠재 가능성 등을 먼저 살펴본 후 실제 만나서 대화(면접)를 통해 그 학생의 능력을 검증해 본다고 볼 수 있다.

또한, 단계형 선발 1단계에서 학생부보다는 서류를 선호하는 것을 볼 수 있다. 서류 전형은 대개 학생부, 자기소개서, 교사추천서를 보게 되는데, 이는 면접관이 학생부에 기재된 사실 이외에 추가로 학생을 살펴볼 자료가 필요하다는 말이다. 따라서 자기소개서에는 학생부의 내용을 그대로 기록하는 것보다는 활동 중 느낀 점, 태도변화 등을 기록하거나 그 활동을 계기로 확산된 활동을 기록하는 것이 유익할 것이다.

학생부 중심 전형에는 학생부 교과 성적을 위주로 평가하는 학생부 교과전형과 입학사정관 등이 참여하여 학생부 비교과를 위주로 교과, 자기소개서 · 추천서 · 면접 등을 통해 학생을 종합 평가하는 학생부종합전형이 있다.

학생부(교과) 위주 전형은 대학별로 전형 방법과 평가요소, 반영비율이 조금씩 다르다. 대학별로 내신 점수를 사정하는 방법(반영교과, 반영비율, 교과영역 등급 점수)이 달라서 대학에 따라 학생부 성적의 유 · 불리가 발생할 수 있다. 일부 대학의 경우 학생부와 면접을 함께 반영하기도 하므로 지원하고자 하는 대학의 전형요

소를 꼼꼼히 파악할 필요가 있다.

이 전형에서 수능 최저학력기준을 충족하지 못해 탈락하는 경우가 허다하다. 그러므로 학생부전형을 지원하기 전, 자신의 수능 성적을 현실적으로 판단해 지원해야 하겠다.

학생부종합전형 선발은 1단계 서류평가, 2단계 면접의 단계별 전형 또는 학생부종합평가로 일괄 합산하여 전형하는 방식으로 선발한다. 대부분 대학에서 학생부종합전형을 지난해 입학사정관전형 방법과 비슷하게 실시할 것으로 보인다. 학생부종합전형은 서류의 신뢰도, 학업 준비도, 인성 및 의사소통능력 등을 종합적으로 평가하므로 다음의 주요 질문에 대한 준비가 필요하다.

> - 공부한 내용의 기본 개념, 원리, 과정, 응용 능력에 대한 질문
> - 참여한 활동의 과정, 내용, 성과, 소감 등에 대한 질문
> - 지원 모집단위에 대한 소질, 적성, 흥미 등을 알 수 있는 질문

지금까지 우리는 학생부에서 6개 항목(수상경력, 진로희망사항, 창의적 체험활동상황, 교과학습발달상황, 독서활동상황, 행동특성 및 종합의견)에 대해서 어떤 내용으로 면접에서 다루어지는지를 살펴보았다. 면접 대비를 위해 도출한 항목에 대해 적절한 답변을 글로 기록해 놓아야 한다고 했는데 일정한 틀을 사용해서 기록하도록 했다. 기록 형식은 활동 계기 – 활동 주요 내용 – 느낀 점 – 태도 변화 – 확산 활동이다.

이제 앞서 연습한 내용을 나의 기록으로 실제 작성해 보도록 하자. 수상경력부터 행동특성 및 종합의견까지의 내용에서 항목을 도출하고 앞서 연습한 틀에 맞추어 기록해 보자. 처음 작성할 때는 시간도 많이 소요되고 힘들겠지만 하나를 완성하면 그다음부터는 조금씩 수월해지고 요령도 생길 것이다.

02 면접과 자기소개서

자기소개서를 수험생 스스로 쓰면 적어도 석 달 정도 걸린다. 물론 야간자율학습을 마치고 집으로 돌아와서 저녁 10시 30분부터 시작해서 새벽 1시까지 쓴다고 가정했을 때 그렇다. 적어도 전문가라고 자처한 교사가 수험생을 도와주어도 한 달 이상은 걸린다. 그런데 이를 잘 써야만 스스로 면접을 준비했다는 자신감이 생긴다. 면접관은 자기소개서와 학생부를 가지고 교과 및 비교과 활동에 대해서 질문하기 때문이다. 실제로 서울대에 합격한 학생의 면접 내용을 들어보면, 성적이 아니라 학생의 비교과 체험활동에 많은 시간을 할애해서 질문하더라는 것이다. 면접 시 청소년 관현악단 활동을 한 수험생에게 이에 관한 질문을 많이 했다는 것은 그만큼 자기소개서의 중요성을 보여준 증거라고 볼 수 있다.

면접에서는 자소서의 내용과 그 타당성을 평가한다. 자소서와 면접을 통해 학생이 가진 잠재력의 크기를 볼 수 있다. 자소서에서 다루는 중요 내용과 면접관의 확인 사항들을 정리해 보면 다음과 같다.

(1) 교내+교외 봉사활동=배려, 나눔 → 자신의 성장 과정(성숙한 내용을 표현함!)
(2) 문과+이과 분야 독서=균형 감각(융합/자율전공학부, 산업공학 분야)

책: 자신의 성장+진로에 지대한 영향을 미친 내용 → 자신의 성장 과정(성숙한 내용을 표현함!)

(3) 임원/동아리=리더십+위기관리 능력(갈등 해결) → 자신의 성장 과정(성숙한 내용을 표현함!)

이 자소서는 결국, 리얼 다큐 → 휴먼 다큐(입사관 감동)로 이어져야 한다. 그리고 활동 기록(과장/과찬 금물) → 고난/갈등 → 성숙+전공 관련성으로 이어져야 한다.

다음은 한 수험생의 자소서이다. 이 학생의 실제 면접 상황을 조사하면 다음과 같다.

---

1. 고등학교 재학 기간 또는 최근 3년간(단, 초등학교, 중학교 재학 기간 제외) 지적 호기심을 가지고 학업능력을 향상시키기 위해 노력한 내용을 기술하여 주십시오.

※ 띄어쓰기를 포함하여 1,500자 이내로 작성

학교 국어 내신은 정해진 범위 내에서 출제되기 때문에 해당 범위 작품을 열심히 공부하여 1등급을 받을 수 있었습니다. 하지만 모의고사의 경우는 달랐습니다. 많은 한국문학작품을 배워 왔지만 전체적인 문학의 기본개념이 잡혀 있지 않아 문제에 적용하기 힘들다고 판단하였습니다. 그래서 2학년 겨울방학을 이용해 문학의 기본 개념부터 챙기기로 마음을 먹었습니다. EBS 강의 중에서 국어 개념을 중심으로 정리한 인터넷 강의를 들었습니다. 강의를 들으면서 제가 잘못 알고 있던 문학의 개념에 대해 모호한 점들을 명확하게 이해할 수 있게 되었습니다. 서술자 개입과 편집자적 논평을 다른 개념으로 이해한 적이 있었는데, 문학에 대한 기본개념을 알게 되면서 이를 모의고사에 적용할 수 있게 되었습니다. 이러한 노력이 3학년 3월 모의고사의 결과로 나타났습니다. 1등급을 받고 해냈다고 생각하여 스스로 뿌듯하였습니다. 그러나 그 기쁨도 잠시 4월 모의고사에서 3등급을 받았습니다. 분명 문학 문제는 제대로 공부했기에 수능 국어에 대한 자신감을 가졌습니다. 그런데 읽으면 풀 수 있다고 생각한 독서 영역(비문학) 문제에서 틀렸습니다. 실망한 나머지 국어선생님과 상담을 했습니다. 비문학은 개념보다는 스스로 독해 능력을 향상시켜야 한다고 선생님께서 조언해 주셨습니다. 그러나 혼자 하기보다는 친구들과 함께 독서토론동아리를 통해 독해능력을 기르는 것이 도움이 될 것 같아 'ㅇㅇ독서토론 동아리'를 만들었습니다. 일주일 동안 책을 읽고 내용을 파악한 뒤 토론 주제를 정하고, 그다음 주에는 각자 토론주제에 맞는 내용을 준비해서 토론을 하였습니다. 첫 번째 모임에서는 '어떻게 원하는 것을 얻는가'라는 책을 가지고 토론을 하였습니다. 토론주제는

'내가 생각하는 협상의 가장 중요한 요소'였습니다. 두 번째 모임에서는 '크로스'라는 책을 읽고 '혁신적 생각'에 대해 토론했습니다. 처음에는 친구들 모두 열정을 가지고 각자 준비를 해서 나름 성공적인 토론을 하였습니다. 토론을 준비하는 동안 책 내용을 깊이 이해할 수 있었습니다. 또한 작가의 생각에 대해 공감뿐만 아니라 비판적으로 생각도 해보게 되었습니다. 비록 제가 주도적으로 시작한 동아리이니만큼 잘하고 싶다는 의욕만 앞세우고 유동적으로 동아리를 잘 이끌지는 못해 동아리가 없어졌지만, 4주간의 노력은 헛되지 않았습니다. 독서토론을 위해서 작품에 대한 장점과 문제점을 파악하여 정리하고, 이를 동아리 친구들에게 설명할 수 있도록 노력했습니다. 이러한 활동이 독서 영역의 지문에 대한 속독과 이해력에 도움이 되었다고 생각합니다. 그래서 독서 영역에 대한 부담감이 다소 줄어들면서 5월 모의고사에서는 나름대로 자신감을 회복하여 시험을 본 결과 1등급을 받게 되었고, 저는 제 목표한 대학에 한 발자국 다가서게 되었습니다. 아는 만큼 보인다고 하였습니다. 아는 만큼 보인다는 것은 결국 노력한 만큼 보인다는 것을 알았습니다. 이제 국어에 좀 더 자신 있게 다가갈 수 있게 되었습니다.

2. 고등학교 재학 기간 또는 최근 3년간(단, 초등학교, 중학교 재학 기간 제외) 학내외 활동 중 가장 의미가 있다고 생각하는 활동을 3개 이내로 기술하여 주십시오.
※ 활동별로 띄어쓰기를 포함하여 700자 이내로 작성

2-1. 멘토-멘티 활동
학교 동급생에게 3학년 1학기 동안 국어 멘토-멘티 활동을 했습니다. 가장 힘들었던 부분은 제가 정확히 이해하고 이해한 바를 전달하는 것이었습니다. 제가 완전히 이해하지 못하면 멘티들은 오히려 더 혼란스러워했기 때문에 학교를 마친 후 매일 문학지문 분석에 시간을 보냈습니다. 일주일에 5번 20분의 멘토-멘티 활동이 너무 적다고 느껴져서 매주 토요일 자습을 마치고 1시간씩 남아서 가르쳐 주었습니다. 제가 제일 가르치기 어려웠던 것은 고전문학이었습니다. 왜냐하면 어휘의 의미가 정확하게 파악되지 않으면 작품 전체를 이해하는 데 어려움이 많기 때문입니다. 그래서 전자사전을 이용해 지문의 문맥에 맞는 단어의 뜻을 찾아서 가르쳐 주었습니다. 또한 고전소설의 경우 글의 줄거리를 잘 설명해 주어야 했습니다. 왜냐하면 멘티들은 단어의 뜻뿐만 아니라 지문의 흐름을 이해하는 데 힘들어했기 때문입니다. 그래서 제가 직접 지문에 제시된 고전소설을 시간의 흐름에 맞게 재구성하여 설명해 주기도 하고, 역사와 관련된 내용은 한국사 시간에 배운 역사적 사실과 접목시켜 쉽게 이해할 수 있도록 도와주었습니다. 그리고 중요한 부분이 오랫동안 기억에 남도록 메모를 해 주었습니다. 멘티가 점차 스스로 고전문학을 이해하고 풀 수 있게 되어 뿌듯하였고 저 또한 이 활동을 통해 친구와의 우정도 쌓을 수 있었습니다. (670자)

2-2. 줄넘기 수상 과정

체력단련을 위해 꾸준히 줄넘기를 해오던 와중에 체육선생님께서 줄넘기동아리를 만드신다고 하여 줄넘기동아리에 들었습니다. 1학년 때는 연습한 작품을 축제 때 선보이고 2학년이 되어서는 전국 줄넘기 대회에 나가게 되었습니다. 1학년과 2학년 합쳐서 총 12명이 출전하게 되었는데 1학년들은 처음 하는 것이라 모든 것이 서툴렀고, 2학년인 저와 친구들이 가르쳐 주어야 했습니다. 다른 학년과 협동해서 하는 것이 처음이라 친해지는 것부터가 난관이었지만 후배들에게 먼저 다가서면서부터 서로 마음의 문을 열고 대회를 준비하였습니다. 매일 점심·저녁 시간에 연습한 덕분에 1학년들은 빨리 기술을 익혔고, 점차 완성되었습니다. 대회 한 달 전부터는 토요일에도 나와서 연습을 하였습니다. 2단 뛰기 등 점수가 높은 안무 위주로 선생님께서 갑자기 안무를 바꾸시는 바람에 약간의 혼란이 있었지만, 모두 합심하여 새로운 안무를 익혔습니다. 대회 당일에는 일찍 도착하여 대회 방식을 익혔고, 안무도 맞춰 보았습니다. 대회 도중에 줄이 발에 걸리는 실수도 히였지만 다행히 잘 끝낼 수 있었고, 은상을 받을 수 있었습니다. 학업에 열중해야 하는 시기임에도 불구하고 줄넘기 대회에 출전해야 하는 것이 부담스러웠지만 그 시간이 헛되지 않도록 포기하지 않고 열심히 하여 좋은 결과를 얻었습니다. 또한 선후배 간의 협동심과 끈기를 얻을 수 있었던 좋은 추억이 되었습니다. (695자)

2-3. 독도탐방활동

반크는 잘못된 역사를 세계에 널리 알리고 바로잡는 사이버 외교 사절단입니다. 그 목적으로 반크에서는 독도탐방캠프를 개최하여 반크 회원들에게 독도의 가치에 대해 알아 가는 기회를 제공합니다. 독도는 우리 역사 이래로 한국 고유의 영토이지만, 일본의 독도영유권 주장으로 말이 많은 곳이기도 합니다. 그래서 독도를 탐방함으로써 독도를 올바르게 알고 독도가 우리 땅이라는 정당한 근거를 가지고 세계에 알릴 것입니다. 반크 회원들은 조별로 한 가지 주제를 가지고 토론하는 시간을 가졌습니다. 저희 조는 '우리나라 역사 홍보'에 대한 주제를 가지고 토론했습니다. 우리나라 역사를 효과적으로 홍보하는 방법을 개인적·기업적·국가적으로 구분하여 보았습니다. 한국 학생들의 역사에 대한 무관심과 한국에 대한 외국인들의 오해를 해결하기 위해서 개인적으로는 역사주체가 되어 보고 외국인과의 펜팔을 통해 우리 역사를 설명하는 것입니다. 기업적으로는 애플리케이션이나 게임을 역사와 접목시켜 출시하는 것입니다. 국가적으로는 한국사를 필수 과목으로 지정하고 역사 관련 프로그램을 활성화하는 것입니다. 토론 이외에도 우리가 토론한 내용을 5분짜리 연극으로 만들어 보는 시간도 가졌습니다. 반크 회원 활동을 통해 회원 간의 협동심의 의미와 더불어 우리나라 역사에 대해 생각하게 되었고, 우리 역사를 바로 알리는 방법에 대해서 탐구하는 자세를 배웠습니다.

3. 고등학교 재학 기간 또는 최근 3년간(단, 초등학교, 중학교 재학 기간 제외) 읽었던 책 중
   자신에게 가장 큰 영향을 준 책을 3권 이내로 선정하고 그 이유를 기술하여 주십시오.

※ '선정 이유'는 도서별로 띄어쓰기를 포함하여 500자 이내로 작성

※ '선정 이유'는 단순한 내용 요약이나 감상이 아니라, 읽게 된 계기, 책에 대한 평가, 자신에
   게 준 영향을 중심으로 기술

3-1. 엄마를 부탁해.
……중략……(앞에서 인용함)

3-2. 미국 최고의 교수들은 어떻게 가르치는가.
……중략……(앞에서 인용함)

3-3. 어떻게 원하는 것을 얻는가.
……중략……(앞에서 인용함)

4. 다음 중 하나의 주제를 선택하여 구체적으로 기술하여 주십시오.
※ 띄어쓰기를 포함하여 1,000자 이내로 작성
– 고등학교 시절 겪었던 어려움과 그것을 극복하기 위한 노력–임원 활동(학생회)
– 서울대학교 학생으로서의 사회적 기여와 책임
– 기타(자유롭게 주제를 정하여 기술)

2학년은 학생회 차장으로서 학생회를 이끌 수 있습니다. 3학년 부장들은 수능 준비로 바빠서
대부분 차장들이 학교 행사를 진행하였습니다. 저는 총무부 차장으로서 연중행사 준비로 가
장 바쁜 자리입니다. 간부수련회를 위한 준비는 물론 스승의 날, 체육대회, 학교 축제, 수능 떡
준비 등 대부분 돈과 관련된 행사는 제가 맡아서 일합니다. 백만 단위의 돈을 다루다 보니 항
상 신경 쓰면서 지내야 했던 것 같습니다. 혹시라도 잃어버리지는 않을까 하고 말입니다. 각
반 반장들이 돈을 걷어 오면 점심, 저녁 시간마다 학생회실에 가서 체크를 하고 얼마쯤 모이
면 선생님께 허락을 받아 은행에 가곤 했습니다. 돈과 관련된 일이기 때문에 혼자서 일하는
시간이 많아 다른 차장들이 보기에는 제일 쉬워 보이는 자리였을 것입니다. 그래서 저에 대한
안 좋은 말을 많이 했다고 들었습니다. 나중에는 다 풀었지만 한때는 저 스스로도 엄청난 스
트레스를 받았고, 차장을 괜히 했다는 생각밖에 들지 않았습니다. 하지만 묵묵히 제 일을 수
행했기 때문에 학년이 끝날 때쯤 다른 차장들이 수고했다는 말을 해주었습니다. 그때 가장 보
람을 느낀 것 같습니다. 학생회 전체로 보면 선도부터 학교 행사까지 연관되지 않은 것이 없
습니다. 졸업식이나 학부모 설명회에서 안내자 역할도 해야 하며 매점 납품 업체 선정까지도
학생회가 합니다. 어떻게 하면 친구들, 선후배들이 더 좋아할까라는 생각을 하면서 1년을 보
낸 것 같습니다. 그리고 학생회 간부이다 보니 기본적인 것부터 신경을 써야 했습니다. 치마는

무릎 밑까지 반드시 와야 하며 등교 시간도 엄수해야 했습니다. 이러다 보니 학교생활을 더욱 성실히 하게 되었고 '학교생활 평점제'에서 21점이라는 높은 점수를 받을 수 있었습니다. 그리고 학생회 일을 하면서 선생님들과 의사소통해야 하는 부분이 많았져 1학년 때보다 훨씬 더 많은 선생님과 친해질 수 있는 계기도 되었습니다. 일 년 동안 학생회를 하면서 많은 탈도 있었지만 많은 것을 배우고 느낄 수 있었습니다.

5. 자기소개서 관련 기타 증빙서류 목록

※ 증빙서류를 제출할 경우에는 반드시 아래 목록에 기재해야 함.

※ 증빙서류 목록은 5개 이내로 작성이 가능하고, 번호당 증빙서류는 A4용지 3쪽 이내로 분량이 제한됨. 목록에 기재하지 않았거나 초과한 분량은 제출서류로 인정되지 않으며, 별도의 증빙서류가 없는 경우에는 작성하지 않아도 됨.

※ 증빙서류는 자기소개서에 기술된 내용에 대한 진위 확인을 위해서만 활용되며, 공인어학성적, 국내 고교 전 과정 이수자의 AP 시험 점수, 교과 관련 교외 수상 실적, 모의고사 등은 평가에 반영하지 않으므로 제출하지 않음(단, 수학, 과학 국제올림피아드 수상실적은 제출 가능).

위 학생의 경우, 일반계 고교에서 내신 1.09이다. 서울대 사범대 국어교육학과 특기자전형에 지원하였으나, 1차 서류 전형에서 떨어졌다. 경쟁률은 10:1 정도인데, 자소서가 평범하다고 하면 평범한 것이고, 아니면 보통 학생 이상의 교육 활동을 한 학생이다. 아마도 지원 학과를 조정했으면 면접 대상자는 되었을 것으로 판단한다. 이화여대 면접에서는 질문지에 대한 사전 정리를 통해 대답하는 것이었으나 충분히 대답하지 못했고, 한양대 면접에서는 학생부의 문학 관련 교사의 세부 사항, 특이 사항에 대한 질문에 대답하지 못했으나, 한국교원대학교에서는 충분히 대답했다. 결국, 모든 대학에 1차 합격하거나 추가 합격했다. 이는 자소서의 내용이 일정 수준 이상이면 내신으로 조정된다는 것을 알수 있다.

서울대에서 보듯이, 면접관이 정확하게 무엇을 평가했는지는 알 수 없지만, 내신이 부족했다는 점을 분명하게 파악할 수 있다. 어쩌면 좀 더 풍부한 비교과 활동으로 채웠다면 1차 합격을 할 수 있었을 것이라는 가정도 해 볼 수 있다. 자소서와 함께 목표 대학과 학과에 대한 정확한 정보도 필요하지만 결국 내신의 벽과 학교의 벽을 넘지 못했다는 가정이 가능하다. 그리고 한양대에서 보듯이 전공 관련 지식을 많이 기록할수록 이에 대해 더 많은 면접 준비를 해야 할 것이다.

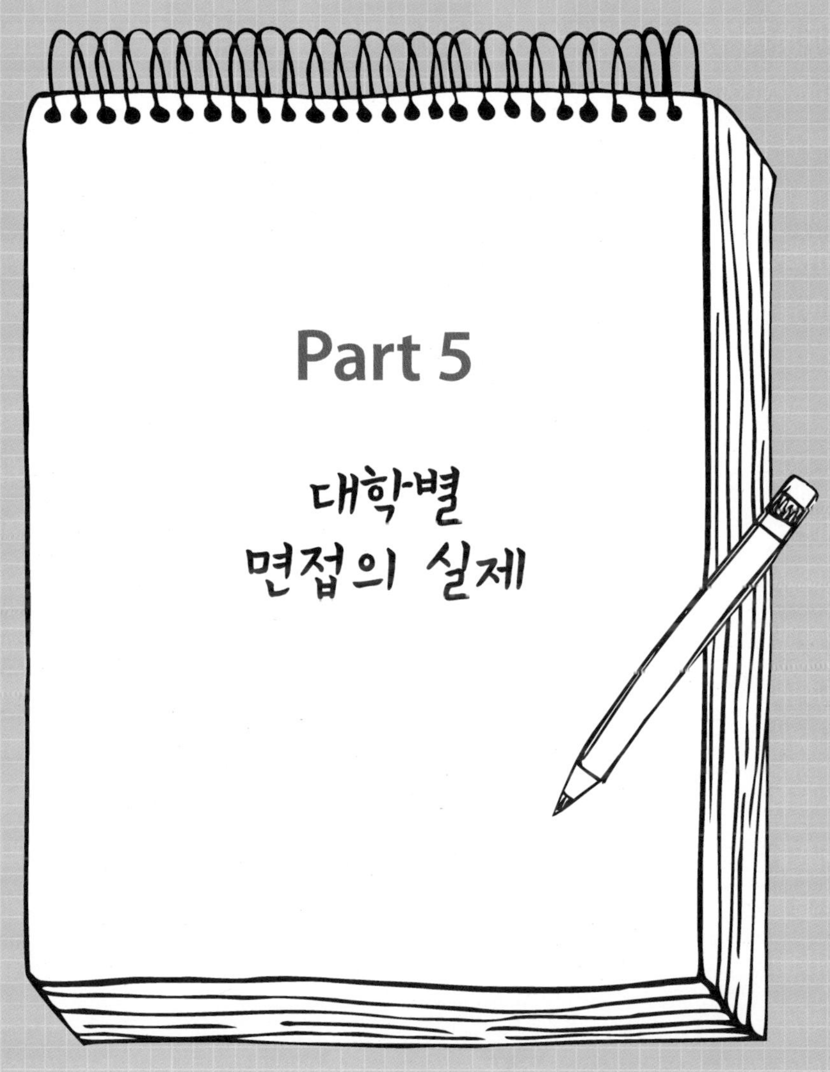

Part 5
대학별
면접의 실제

　대학별 면접 자료는 직접 조사 방법과 간접 조사 방법을 택했다. 직접 조사 방법으로는 대학 면접 당일 필자가 직접 찾아가서 일대일 면접 방식을 취했고, 간접 조사 방법은 면접 후기를 정리하여 그 가운데 정보가 비교적 유용한 것만 뽑아 정리하였다. 모든 대학과 학과를 망라할 수 없다는 점이 아쉽지만, 대체로 면접의 틀이 있다는 점을 알아두면 도움이 되리라 생각한다.

01 대학별 면접 문항 예시와 결과─직접 조사

내신이 좋으면 자기소개서만 제출하거나 학생부만 제출하여 3배수에 들게 되면 면접을 보는 것이 보통이다. 이 때문에 내신은 절대적이다. 다음은 대학에서 실시한 면접 내용이다.

대개 면접의 시스템은 다음과 같이 몇 가지 형태로 나누어 정리할 수 있다.

> • 학생부교과전형: 학생부만으로 우선 선발하는 경우
> • 학생부종합전형(+자소서형+추천서): 서류 평가 후, 3~10배수 선발 후 면접

학생부교과전형의 경우는 학생부만으로 우선 선발하는 것인데, 학생부에는 내신 등급이 상세하게 기록되어 있기 때문에 학생의 학업 능력을 평가할 수 있다. 그리고 비교과 활동에 대한 기록이 있기 때문에 학생의 비교과 활동을 평가할 수 있다는 장점과 함께 최저학력 기준 때문에 수능 준비를 해야 하는 수험생에게는 부담을 줄인다는 큰 장점이 있다. 따라서 대학에서는 자소서에 대한 수험생 부담을 줄여주면서 우수한 학생을 선발하겠다는 장점을 실현할 수 있다. 그래서 점차 대학이 선호하는 경향이 높아지는 추세다. 다만 학생부에 기록되지 않은 학생의 잠재 능력을 다 볼 수 없는 한계 때문에 기존의 자소서를 요구하는 대학이 여전히 많은 것이 사

실이다. 이는 **학생부종합전형**으로, 서류 평가 후 3~10배수를 선발하여 면접하는 형태이다. 면접의 구체적인 형태를 일일이 다 열거할 수는 없지만 대체로 다음 두 가지 형태로 정리할 수 있다.

> - 면접형: 자소서에 나타난 교과 활동 내용 확인 및 비교과 활동 영역의 구체적인 사항 확인 +(필요에 따른 인성면접)
> - 구술면접형: 문제 풀고(대략 20분 정도), 자소서 관련 인성+풀이 문제 설명(10~20분)

다음의 실제를 보자.

서울대학교 자율전공학부(특기자전형) −내신 1.3 정도

(1) 1차 서류 전형 통과 1.5배수

(2) 2차 면접

　① 자소서 관련 의문 사항(2명 면접관)

　② 자소서에서 뇌공학 전공 → 가능한가?

　③ 종교와 과학의 관계: 진화론과 창조론 사회적 · 국가적 이슈 관련(홍성욱 서울대학교 교수 논란의 중심)

　④ 인문에서 과학을 배워야 할 이유는?/과학에서 인문학을 배워야 할 이유는?

※ 면접 후기: 공격적 질문으로 당황했다고 함.

2014학년도 서울대학교를 비롯한 명문대에서는 면접 수준(지필 형태)이 고등학교 교육과정을 넘어선 것으로 밝혀져서 국회 감사를 받을 뻔했다. 이후 고등학교 교육과정으로 제한하겠다는 서울대학교 총장의 의견 제출로 마무리되었다. 수학 관련 문항 2013학년도 지역균형선발에서 7/6(대학수준 6, 고교 1문항: 사교육+특목고 유리?)으로 알려졌다. 그리고 이후에는 수학 관련 문항이 평이해졌다고 한다.

동국대학교
(학생부종합전형)

(1) 자소서 관련한 인성+면접

(2) 입사관 1명+전공 교수 2명(10분)

(3) 인성면접+전공면접(구두로 질의응답+칠판에서 설명)

　　수학교육과: 인성/수학 교과 내용(칠판 설명 요구)

　　화공학과: 인성+화학 2문항(대부분 화학Ⅰ 내용)−전공 관련 높은 수준의 공부
　　필요

동국대학교
(학생부종합전형)

(1) 법대: 인성+국내법을 고쳤을 때 사회와 괴리감이 있다. 어떻게 할까?/국제
　　법과 국내법이 상충할 때 어떻게 할까?

(2) 영문학부: 인성+사회현상 설명=영어로 통역해 보라.

(3) 가정교육과: 인성+가정의 소중함+교사의 조건?

(4) 식품영양학과: 인성+생명과학+화학

경희대학교
(내신 2.4)

(1) 인성면접관 2명(10분)+전공 교수 2명(10분)

(2) 구술 면접 고사

　　① 유형 1: 과학(화학Ⅱ만 내용/난도 높음, 2문제)

　　② 유형 2: 생명과학+물리Ⅱ(평이, 2문제)

# 고려대학교[수시 모집 정보통신공학과 (내신 2.5/특별전형-국제)]

　고교 과정 중의 활동 가운데 평가받고 싶은 내용을 최대 5개 분야로 분류하여 분야마다 최대 3개의 입증 서류를 제출할 것(외국어 성취에 관한 서류는 반드시 포함)

(1) 외국어 성취

　① Google Code-in 오픈소스 번역 활동

　② TEPS 941

　③ 코리아타임스 국제영어경시대회 은상

(2) 동아리 및 리더십

　① 컴퓨터 동아리 BINBOX(http://binbox.kr/) 부장

　② 교내 과학동아리 한사인 부원

　③ 고교연합 이공계 연구 동아리 Noah's ArK(http://hona.kr/) 부원

(3) 창작

　① ETRI 발명캠프 수료, 최우수상

　② 한국정보올림피아드 공모전 수상

　③ 개인 홈페이지 운영(http://limeburst.net/)

(4) 전산학

　① KAIST IT 영재교육원 과정 이수

　② KAIST IT 영재교육원 캠프 수료

　③ 2010 울산학생정보올림피아드 경시 부문 동상

(5) 교내 입상

　① 교내 포트폴리오대회 특별상(IT 분야)

　② 교내 영어경시대회 최우수상

　③ 교내 연구과제 발표대회 우수상

　- 외국어 성취 점수는 중요한 자격 조건에 해당

　- 1단계 3배수/42명 중 18명 통과 → 구술면접 대상자

이 대학의 면접은 주어진 제시문을 분석하는 데 12분, 이를 가지고 면접관 2명이 6분 동안 면접한다. 면접의 주제는 '실생활 또는 실험에 사용되는 물질 2가지에 대해 장단점을 들고, 차이점과 공통점 및 개선점에 대해 말하고, 이 물질의 고갈과 부족한 경우 글로벌리더로서 해결책을 제시하시오'이다.

위 학생의 수시 전형 결과는 다음과 같다.
- 고려대학교 컴퓨터공학부 6명 모집, 후보 7위
- 중앙대학교 컴퓨터공학부 4명 모집, 후보 2위
- 건국대학교 생명특성학부 2명 모집, 합격

학생들의 스펙 내용

일간지에 소개된 학생들의 스펙 내용이다. 참고하면 스펙의 개념을 어느 정도 확인할 수 있다.

(1) 자기 추천 소프트웨어학과(유주완, 경기고)

　　'서울버스' 이어폰 앱개발, 제3회 전국중고생정보보호 올림피아드 대상, 제7회 해킹 방어대회 우수상(한국인터넷진흥회)

(2) 자기 추천 사회과학계열(박소연, 경남외고)

　　틴 매일경제 객원기자활동, 대북방송 '남북친구' 제작, 양산시 저소득층 봉사활동 등

(3) 인문과학계열(윤성환, 청구고)

　　고구려 전기의 사면령(번역활동/한국고전번역원 활동/창비 게재)/독서를 통한 자기주도적 학습 전형

(4) 사회봉사전형(김동호, 청주신흥고)

　　지속적인 호스피스 봉사활동으로 2009년 전국중고생자원봉사대회 은상, 자

원봉사체험수기공모전 입선, 청소년나눔봉사활동 대상 수상

(5) 구혜선(탤런트, 꽃보다 남자)/대니 리(체육특기자, 아마추어 골프 우승)

 ## 연세대
(창의인재전형)

다음 사례는 언론에 소개된 연세대 창의인재전형의 입학 사례이다.

(1) 중학 검정 치고, 일일 독서 5~6권, 독서 노트 7권('나만의 자서전'/다양한 독
　서 노트)

(2) 애니원고 독립영화 30편 제작 수상 다수

(3) 일반생물학(대학과정) 독서/강연 100곳 참석

이 외에 울산 울주군 까마귀 연구(내신 3.5 정도임. 카이스트 합격)와 울산 지역 깽깽이 풀 연구(내신과 모의고사 각각 평균 3.5 정도임. 한양대 생명과학부 합격)와 같이 학생의 열정과 잠재력을 보여 주는 스펙으로 대학에 진학한 경우도 있다. 부산 대학교의 경우, 면접관 3명이 면접을 할 때 자소서는 이미 입사관이 평가를 했기 때 문에 이에 대한 내용을 묻기보다는 학생부에 기록된 비교과 활동을 중심으로 면접 이 이루어졌다. 학생부는 수험생의 교육활동의 진실성과 성실성, 잠재능력을 보여 주는 가장 객관적인 자료이다. 그래서 대학은 자료에 대한 확인 작업과 동시에 수험 생의 잠재력을 의사표현을 통해 평가한다.[4]

---

4) 서울대 의대 다면 인성평가 문항—서울대 의대 지원자의 질문 문항 가운데 언론에 보도된 하나는, '친구가 목돈을 빌
　려 달라고 할 때 어떻게 행동할 것인가'이고, '홍길동전을 21세기로 재해석하라'이다. 수험생은 생각 정리 시간 2분에
　8분 정도의 답변을 내놓아야 한다.
　[면접 문항] '친구가 목돈을 빌려 달라고 할 때 어떻게 행동할 것인가?'
　[답안 준비 과정] 어떤 사안에 대해 자신의 견해를 글로 표현할 경우, 우선 상황에 대한 기준점을 잡아서, 그 기준점
　에서 가장 중요한 세 가지를 정해서 표현하는 것이 좋다. 기준점을 친구에게 둘 것인가, 아니면 목돈에 둘 것인가,
　아니면 행동에 둘 것인가를 먼저 생각한 다음, 중요한 기준점을 가지고 생각을 정리하는 것이다. 그리고 세 단계를
　설정하여 면접에 응하는 것이 좋다.

02 대학별 면접 사례와 Tip-간접 조사

2015학년도부터 논술 전형의 모집인원이 줄고 학생부종합전형이 확대되면서 입시에서 면접의 비중이 확대되고 있디. 논술의 경우에는 대학별 고사이므로 대학마다 특징이 있고 전형별·학과별로 다르지만 각 기관에서 이를 분석한 자료가 많이 있고, 각 대학 홈페이지에 기출문제가 잘 정리되어 있다. 하지만 면접의 경우에는 몇몇 대학의 자연계 일부 전형에서 시행되었지만 자료가 많지 않고, 인문계는 올해 처음으로 실시되는 학교가 많아서 준비에 어려움이 많다. 학생부종합전형의 유형은 세 가지가 있다. 이 중에서 2유형이 가장 많은 대학이 선택하고 있는 방식으로 면접에 대한 대비가 필요하다.

1유형	면접관 등이 참여하여 학생부 교과, 비교과, 자소서, 추천서 등을 통해 정성적으로 종합 평가하는 비율이 50% 이상이면서 면접을 일부 반영하는 전형
2유형	면접관 등이 참여하여 학생부 교과, 비교과, 자소서, 추천서 등을 통해 정성적으로 종합 평가하는 비율이 50% 이상이면서 학생부 교과 성적을 일부 정량 평가하고 면접을 반영하는 전형
3유형	학생부 교과 성적 정량평가나 면접 없이 입학사정관 등이 참여하여 학생부 교과, 비교과, 자소서, 추천서 등을 통해 학생을 정성적으로 종합 평가하는 비율이 100%인 전형

면접도 논술과 마찬가지로 대학마다 유형이 다르고, 학부(과)와 전형별로 다르므로 이에 대한 철저한 대비가 필요하다. 대부분 개인 면접에서는 지원자가 제출한 학교생활기록부와 자기소개서를 토대로 질문들이 추출되며, 서류의 진실성, 인성 등을 중요하게 평가한다. 이 면접에서는 자기소개서를 진솔하게 기술하였다면 답변하는 데 아무런 문제가 없지만 처음 접하는 면접실 분위기에서 긴장하지 않고 자신의 의견을 자신감 있게 발표하는 것은 쉬운 일이 아니다. 따라서 면접도 논술과 마찬가지로 철저한 준비가 이루어져야 한다.

심층면접은 결과에 도달하는 과정에서의 문제 해결 능력과 그 능력의 사용 과정을 평가한다. 따라서 면접 및 구술고사는 대학 교육을 받는 데 꼭 필요한 넓고 깊은 통찰력과 논리적 사고력, 그리고 합리적 판단력을 측정하는 데 적절한 평가 수단이 된다. 심층면접에서는 내신 성적이나 대학수학능력시험에서 제대로 평가할 수 없는 의사소통 능력이나 창의력, 분석 및 종합력, 논리적인 판단력, 문제 해결력 등 종합적인 사고 능력을 평가할 수 있다. 또한, 개인의 가치관이나 성격, 예의범절, 사회성, 지도성 등 정의적 영역을 평가할 수 있고, 전공 관련 적성이나 태도, 즉 교과 혹은 전공 관련 지식·기능·태도·동기·발전 가능성 등을 평가할 수 있다. 면접을 통해 자기소개서, 추천서, 학업계획서 등 지원자가 제출한 서류의 진위를 확인할 수 있으며, 추가적인 정보나 사실을 파악할 수 있다.

면접 유형

면접 및 구술고사의 유형은 다대일, 다대다 방식이 일반적이고 일부 집단토론 방식도 있다.

(1) 다대일(多對一)

2~4명의 면접관이 1명의 수험생을 평가하는 유형으로 많은 대학이 선호하고 있는 유형이다. 여러 명의 평가자로부터 집중적으로 질문을 받게 되므로 긴장감을 느

끼일 수도 있지만, 지원자가 지니고 있는 능력을 객관적으로 충분히 평가할 수 있다는 장점이 있다. 면접관이 2명일 경우 대개 1명은 인성적인 평가를, 나머지 1명은 전공이나 학과와 관련된 평가를 담당한다.

예) 경북대학교 KNU전형(3:1), 경희대학교 네오르네상스전형(2:1), 고려대학교 학교장 추천전형(2:1), 대구대학교 DU 자기추천전형(3:1), 동국대학교 Do Dream전형(3:1), 부경대학교 학업성적우수자전형(2:1), 부산대학교 고교생활우수자전형(2:1), 숙명여자대학교 숙명미래인재전형(2:1), 숭실대학교 문학특기자전형(2:1), 연세대학교 특기인재전형(2:1), 영남대학교 글로벌인재전형(3:1), 울산대학교 UOU 프론티어전형(3:1), 이화여자대학교 미래인재전형(2:1), 중앙대학교 다빈치전형(2:1), 서울대학교 특별전형(3:1), 국군간호사관학교(4:1)

(2) 다대다(多對多)

지원자와 면접관의 비율이 2:3, 3:2, 3:3 등으로 다수와 다수가 마주 대하여 평가하는 방식이다. 함께 면접에 참여하는 지원자들의 능력에 따라 영향을 받을 수 있다. 다른 지원자들에게 영향을 받지 않도록 주의해야 한다.

예) 대구대학교 일반전형(3:3), 부산가톨릭대학교 인문계고전형(3:3), 성신여자대학교 성신자기주도형인재전형(3:2)

(3) 집단 토론

다수의 지원자를 한 조로 묶어 대립되는 논제에 대해 지원자들이 토론하도록 하고, 면접관들은 지원자 옆에서 수험생들의 발언 내용이나 태도 등을 관찰, 평가하는 방법이다. 이러한 면접의 방법은 주장의 설득력, 논리력, 지도력, 표현력 등을 종합적으로 살펴볼 수 있는 장점이 있고, 지원자들 상호 간에 우열이 쉽게 드러나 비교 평가에 좋은 유형이다.

예) 부산교육대학교

면접의 진행

면접의 진행은 다음과 같은 방식으로 이루어진다.

면접 대기실		면접 준비실		면접실 입장		퇴실대기실
대기실에서의 대기	⇨	제시문을 읽고 발표 면접 준비	⇨	개인면접 인·적성 평가	⇨	퇴장 및 퇴실

(1) 면접 대기실

지원자는 대학이나 학과에서 지정하는 대기 장소에서 내기해야 한다. 대기 장소에서는 면접을 위한 평가 과제 혹은 질문에 대한 보안 때문에 통신 장비의 휴대가 금지되어 있으며, 면접 고사를 먼저 끝마친 지원자도 외부인과의 접촉이 금지되어 있다. 화장실을 이용할 때도 사전 허락을 받아야 한다.

(2) 면접 준비실

지원자는 순서에 따라 진행자의 감독하에 개인별로 면접 준비실로 이동하게 되며, 평가를 받기 전 약 5~20분 정도 특정 평가 과제 혹은 제시문의 질문에 대한 답변 준비 시간을 갖게 된다. 이때 모든 지원자에게 동일한 평가 과제 혹은 질문이 부과되는 경우도 있고, 몇 개의 과제 혹은 질문 중 지원자가 1~2개를 선택해야 하는 경우도 있다.

(3) 면접실

면접 준비실에서 답변 준비 시간을 가진 후, 평가 장소로 이동하여 평가를 받게 된다. 이때 지원자는 자신에게 부과된 평가 과제 혹은 질문이 무엇이었는지 간단하게 요약하고 그것에 대해 응답할 것을 요청받게 된다. 지원자의 답변이 끝나면 평가자들로부터 그에 대한 추가·보충 질문을 받게 된다. 사전에 제시된 과제 혹은 질문에 대한 응답이 끝나면, 면접관들이 별도로 평가 내용이나 항목에 근거하여 필요하다고 판단되는 여러 질문을 하고 지원자는 그에 적절히 응답해야 한다.

(4) 퇴실 대기실

보안을 위해 바로 퇴실하지 않고 퇴실 대기실에서 대기했다가 한꺼번에 퇴실하는 경우도 있고 면접이 끝나면 바로 귀가하는 경우도 있다.

면접 대비 요령

면접을 위한 대비 요령을 몇 가지 요약해 보면 다음과 같다.

(1) 지원학과 홈페이지 방문

홈페이지에 기출문제와 예시답안까지 올리는 대학도 있으며 모의논술자료를 올려놓는 경우도 있다. 이런 기출문제 유형은 대학 입학처 홈페이지에서 확인할 수 있지만, 학과의 커리큘럼이나 특성을 파악하고 전공에 대한 기초적인 지식을 알기 위해 학과 홈페이지 방문은 기본이다. 학과 홈페이지에서는 진로뿐만 아니라 전공 교수의 얼굴과 세부 전공까지 알 수 있어 면접관으로 전공 교수가 참여하였을 때 심리적인 안정까지 얻을 수 있다.

(2) 교과서와 정규교육과정에 충실

면접은 우선 고교 교과 과정이 기본 내용이기 때문에 교과서를 바탕으로 정규교육과정에 충실해야 한다. 면접뿐만 아니라 대학수학능력시험에서도 교과서 내용을 중심으로 출제되므로 따로 면접 준비를 하려고 하지 말고 정규교육과정에 충실해야 한다. 최근에 대학수학능력시험의 탐구영역이 2과목 반영으로 축소되면서 인문계의 경우에는 선택과목만 열심히 공부하거나 자연계의 경우에는 각 과학과목의 Ⅱ 과목을 소홀하게 생각하는 경우가 많다. 하지만 대부분 대학에서 전공 적성과 관련된 내용은 자연계의 경우에는 수학과 물리Ⅱ, 화학Ⅱ, 생명과학Ⅱ에서 많이 출제되고, 인문계의 경우에는 전공별로 달리 출제되며 이런 경향은 상위권 대학으로 갈수록 높아진다. 따라서 지원 모집 단위별 학문 특성을 반영한 교과 지식도 최대한 교과 과정을 통하여 흡수하도록 노력하여야 한다. 수능 준비가 곧 면접 준비가 되는 셈이다.

(3) 시사 문제에 관심

기본 소양 평가인 적성평가에서 시사적인 문제가 많이 출제된다. 시사문제는 따로 준비하는 것보다 평소에 많은 시사 상식을 갖고 있으면 답변할 때 훌륭한 도구가 될 것이다. 특히 지망 분야와 관련된 시사 관련 내용은 반드시 정리하여 전공 관련 지식과 소양을 넓히는 것이 중요하다. 이때 중요한 것은 시사 문제에 대한 정보나 지식만 정리할 것이 아니라 자신의 가치관을 정립하고 문제에 대한 자신의 입장을 만들어 보는 것이다.

(4) 지원 학과 및 전공과 관련된 독서

지원 학과나 전공 분야의 개론서가 아니더라도 전공 관련 교양서를 읽어 보는 것은 전공에 대한 지식을 얻는 것뿐만 아니라 관련된 전문 용어나 개념을 이해하는 데 도움이 된다. 따라서 자신이 지망하는 학과에 대해 관심을 가지고 독서를 해 보는 것도 중요한 과정 중의 하나이다.

(5) 발표 연습이 필요하다

발표면접은 주어진 과제에 대한 정확한 답보다는 기본적인 개념 이해, 과제에 대한 접근 과정 및 다양한 사고력, 논리력, 창의성을 중요하게 평가한다.

평가 영역	평가 내용
인성	성실성, 공동체 의식, 리더십, 봉사정신 등
학업	기초학업능력, 전공 관련 학업능력 등
활동	관련 활동, 목표의식, 진로 및 학업 계획 등

논술 연습이 읽기만으로는 부족하고 글쓰기를 반복해야 하듯이 면접도 지식학습만으로는 부족하고 반드시 발표 연습을 따로 해야 한다. 다대일 전형의 경우 지원자가 느끼는 심리적 압박감이 크므로 자신이 알고 있는 지식을 최대한 드러내지 못하는 경우가 많다. 따라서 발표대회나 토론대회에 참가해 보면 좋겠지만, 평소에 수업시간이나 창의적 체험활동 시간에 주어지는 발표기회를 최대한 활용하는 것이 좋다. 집단 토론 방식뿐만 아니라 일반적인 면접에 대비할 수 있는 방법으로는 가족들이나 친구들과 토론하는 기회를 자주 갖도록 하는 것이 좋다. 무엇보다 정규교과 시간에 질문 및 발표를 생활화하는 것이 중요하다.

(6) 충실한 자기소개서 작성

대부분 인성면접이나 전공적합성면접은 자기소개를 바탕으로 질문이 이루어진다. 따라서 자기소개서를 충실하게 작성하는 것이 무엇보다 중요하다. 자기소개서를 충실하게 작성하려면 학교 정규교육과정에 충실해야 한다. 자기소개서에 자기주도적 학습이나 창의적 체험활동 중에서 동아리활동 내용도 중요하므로 평소에 자신의 진로와 연관된 활동을 충실히 해 놓는 것이 필요하다.

(7) 전형에 맞도록 준비

동일한 대학이라도 학업우수자 전형과 학교생활충실 전형의 평가 요소가 다르다. 따라서 각 대학과 전형별 평가 방법에 맞는 준비가 필요하다.

연번	대학	전형	연번	대학	전형
1	가톨릭대학교	잠재능력우수	22	서강대학교	학생우수자
2	건국대학교	일반전형	23	서울대학교	일반전형
3	경북대학교	KNU인재전형	24	서울시립대학교	일반전형
4	경희대학교	네오르네상스	25	서울여자대학교	기독교지도자
5	계명대학교	면접 · 잠재능력 우수자	26	성공회대학교	특별전형
6	고려대학교	학교장 추천	27	성균관대학교	리더십 전형
7	고려대학교	학교장 추천	28	성신여자대학교	성신자기주도형인재
8	단국대학교	일반전형	29	숙명여자대학교	숙명미래인재
9	대구대학교	일반전형	30	숭실대학교	문학특기자
10	대구대학교	DU 자기추천자	31	연세대학교(원주)	특기인재
11	동국대학교	Do Dream	32	연세대학교	학교생활우수자
12	동국대학교 (경주)	자기추천자	33	영남대학교	일반전형
13	동덕여자대학교	일반전형	34	영남대학교	글로벌인재전형
14	동아대학교	자기추천자(2013)	35	울산대학교	UOU 프론티어
15	동아대학교	자기추천자(2014)	36	이화여자대학교	미래인재
16	명지대학교	기회균등	37	이화여자대학교	이화사정관
17	부경대학교	학업성적우수자	38	중앙대학교	다빈치
18	부산가톨릭 대학교	인문계고	39	한국교원대학교	청람인재, 교직적성우수
19	부산대학교	고교생활우수자	40	한국외국어대학교	글로벌인재
20	부산대학교	PNU	41	한국해양대학교	해양아치
21	삼육대학교	일반전형	42	한양대학교	미래인재

대학	계열	전형	방식	사례 학부(과)	연도
가톨릭대학교	인문	잠재능력우수	다대다	경영학	2013

1. 시험 방식

1) 대기실에서 대기하다가 토론면접 준비실로 이동한다.

2) 토론면접 질문지를 30분간 읽고 토론을 준비한다.

3) 토론면접실에서 면접관의 질문에 답하고 상호 토론하는 방식으로 30분간 토론 면접을 한다.

4) 인성면접에서는 다양한 질문에 5분 정도 답한다.

2. 면접 내용

1) 토론면접

지문에 대해 면접관이 질문하면 그에 대해 발표하고 함께 들어간 3명의 면접자가 발표내용에 대해 반박한다. 지문은 4개로 구성되고 각각 두 단락 정도의 분량으로 되어 있다.

〈기본질문〉

– 리더의 거짓말은 필요악인가, 아닌가? 그 이유를 이야기해 보시오.

– 네트워크 소통의 발달이 리더의 도덕성을 강화시키는가?

– 자신이 생각하는 리더로서의 가장 중요한 자질과 그 이유에 설명해 보시오.

〈추가 질문〉

– 불가피한 상황일 때에도 도덕성을 지켜야 하는가?

– 리더의 거짓말과 연관 지어 이번 북한군이 탈영한 사건에 대해 이야기해 보시오.

2) 인성면접

– 자신의 친구들이 말하는 장단점에 대해 말해 보시오.

– 가톨릭대학교에 오고 싶은 이유는 무엇인가?

– 자기소개서 위주의 개인적인 질문

– 자신이 다니고 있는 학교를 자랑해 보시오.

3. Tip

토론면접은 시사 문제가 아닌 인성과 창의적 문제 해결 능력을 평가할 수 있는 제시문이 출제된다. 따라서 토론면접을 따로 기출문제를 중심으로 준비하기보다는 평소에 자신의 가치관을 확립하는 것이 중요하다. 인성면접의 경우 자기소개서와 생활기록부에 기재된 내용 중에서 다른 학생들과 다른 특이한 점을 물어볼 수 있으므로 특이한 활동에 대해 숙지하고만 있으면 된다. 인성면접 중에 가끔 당황스러운 질문을 받을 수 있는데 이때는 침착하게 잘 대처하여야 한다.

대학	계열	전형	방식	사례 학부(과)	연도
건국대학교	인문	일반	다대일	국제통상	2014

1. 시험 방식

1) 면접대기실에서 대기하다가 호명하면 면접실로 이동한다.

2) 면접관의 질문에 10분간 답한다.

2. 면접 내용

– 한 달만 살 수 있다면 무엇을 하고 싶은가?

– 우리 학교에 지원한 동기가 무엇인가?

– 다른 대학은 어디 어디를 지원했는가?

– 다른 대학에서는 각각 무슨 과를 지원했는가?

– 정년 연장에 대해 긍정적인 측면과 부정적인 측면을 말해 보시오.

– 우리 학부에는 3개의 전공학과가 있는데 어떤 과를 전공하고 싶은가?

– 마지막으로 할 말이 있으면 해 보시오.

3. Tip

일반적으로 예상할 수 있는 질문과 학과에 대해 알고 있는지에 대해 질문한다. 따라서 학교 홈페이지를 통해 학과 정보를 충분히 익히고 학과 커리큘럼이나 진로에 대해 명확히 숙지해야 한다. 대부분 질문은 자기소개서와 생활기록부를 통해 이루어지므로 자신의 전공과 관련해서 의미 있게 노력했던 내용을 정리할 필요가 있다. 자기소개서 작성 단계에서부터 자신의 장래 희망이 충분히 반영될 수 있도록 기록하는 것이 중요하다.

3 경북대학교

대학	계열	전형	방식	사례 학부(과)	연도
경북대학교	인문	KNU인재전형	다대일	윤리교육학과	2014

1. 시험 방식

1) 대기실에서 3분 동안 제시문을 보고 어떻게 생각하는지 답변을 준비한다.

2) 면접실에 들어가서 '나의 꿈 나의 도전'에 대해 2분 내외로 발표하고, 대기실에서 준비한 답변을 발표한다. 두 가지를 발표한 후에는 자기소개서와 생활기록부 기재 내용 등에 대해 추가 질문을 한다.

2. 면접 내용

- 진리, 봉사, 긍지로 삼행시를 지어 보시오.
- 윤리 교육과의 경우 가장 좋아하는 사상가는 누구이며, 이유는 무엇인가? 윤리가 왜 좋은가?
- 생활기록부에 기록된 독서활동 관련 질문. 생활기록부에 기록된 독서 내용에 대해 질문을 하고, 최근에 뜻깊게 읽은 책에 관해 묻는다.

3. Tip

자기소개서에 학과에 대한 전문적인 지식을 많이 적을 경우 면접관이 이에 질문을 많이 하므로 이에 대한 대비가 필요하다. 또한, 학과와 연계된 질문이 많고 생활기록부에 기록된 독서 내용에 대한 질문이 많으므로 이에 대한 대비가 필요하다. 학교 홈페이지를 방문하여 학과에 대한 사전 지식을 익히고 교수님들의 얼굴을 익히고 면접에 임하면 다대일 면접의 압박에서 벗어날 수 있을 것이다.

대학	계열	전형	방식	사례 학부(과)	연도
경희대학교	인문	네오르네상스	다대일	사회학부	2014

1. 시험 방식

1) 면접대기실에서 대기하다가 한 명씩 면접실에 입장한다.

2) 인성면접을 8분간 진행한다.

〈인성 면접실〉　　　　　　　　　　　〈학업적성 면접실〉

3) 제시문 두 개 중에 하나를 선택해서 학업적성 면접 발표를 25분 동안 준비한다.

4) 제시문에 대해 8분간 발표하고 추가 질문을 한다.

2. 면접 내용

1) 인성면접

– 자기소개를 해 보시오.

– 지원 동기는 무엇인가?

- 존경하는 인물은 누구인가?

- 앞으로 하고 싶은 일은 무엇인가?

- 외국어 실력은 어느 수준인가? 자신 있는가?

- 3학년 때 성적이 많이 올랐지만 다른 지원자에 비해 성적이 떨어진다. 어떻게 생각하는가?

2) 학업적성 면접 제시문 예시

- 2014년 대중매체에 관한 내용

- 2013년 사회학부: 농업·어업은 적고 서비스업에 편중된 종사자를 나타내는 그래프와 비정규직 노동자의 비율을 나타낸 표가 제시되고, 기능론적 관점과 갈등론적 관점의 제시문이 주어진다.

  • 사회문제와 원인은 무엇인가?

  • 기능론적 관점과 갈등론적 관점으로 본 해결책을 제시해 보시오.

3. Tip

인성면접의 경우에는 자기소개서를 바탕으로 일반적인 질문을 한다. 자기소개서 내용이 중심이기 때문에 긴장하지 않고 답하면 된다. 학업적성 면접 제시문의 경우에는 25분간 준비한 내용을 8분간 발표하는데 발표내용을 중심으로 추가 질문이 대여섯 개 정도 이어진다. 자기소개서에서는 전공과 관련된 내용도 질문할 수 있으므로 학과와 관련된 지식을 쌓아 두는 것도 좋다. 1차 합격자 발표 후에 열흘 정도의 시간이 주어지므로 예상 문제를 뽑아서 실전처럼 연습해 보는 것이 좋다.

5

계명대학교

대학	계열	전형	방식	사례 학부(과)	연도
계명대학교	인문	면접우수자 잠재능력우수자	다대일	유아교육/ 영어영문	2013

1. 시험 방식

1) 대기실에서 대기하다가 호명되면 면접대기실로 이동하여 사회 이슈에 대한 시사문제의 제시문을 5분 동안 읽고 답변을 준비한다.

2) 면접실로 들어가 제시문에 대한 답을 하고, 15분 동안 여러 가지 질문에 답한다.

2. 면접 내용

1) 면접 우수자

〈시사 문제 제시문〉 카카오톡 중독에 대한 내용

– 카카오톡과 같은 SNS를 사용해 본 적이 있는가?

– 사용해 보지 않았다면 사용하는 친구들을 보면 어떤 생각이 드는가?

– 이러한 중독을 해소하는 방안에 대해 말해 보시오.

〈인성면접〉

– 최근에 읽은 책이 있는가?

– 전공 관련 책 중에서 혹시 읽은 것이 있는가?

2) 잠재능력 우수자

〈시사 문제 제시문〉 싸이의 강남 스타일에 대한 내용

– 싸이의 '강남스타일'이 우리에게 전해 주는 메시지는 무엇인가?

– 자신만의 스타일을 추구한 경험에 관해 이야기해 보시오.

– 자신을 강남스타일처럼 패러디한다면 어떤 스타일이라고 생각하는가?

〈인성면접〉

– 자신의 가장 큰 단점과 이를 해결하기 위해 어떠한 노력을 하였는가?

– 자신이 생각하는 남들이 중요하다고 생각하는 것 중 가장 중요하지 않은 것은
  무엇인가?

– 자신의 장점과 그것이 다른 사람들에게 준 영향은 무엇인지 말해 말해 보시오.

– 우리 학과 홈페이지에 들어가 본 적이 있는가? 있다면 교수님은 몇 명이고,
  무엇을 배운다고 나와 있던가?

3. Tip

특별전형의 경우 일반전형보다 전형 날짜가 늦다. 계명대학교는 일반전형 문제
가 공개되기 때문에 이 문제들을 중심으로 준비해야 한다. 각 질문에 대한 답변에
꼬리를 무는 질문이 이어지므로 당황하지 말고 자신의 의견을 소신껏 이야기해야
한다. 학교 홈페이지에서 기출문제를 찾아볼 수 있으므로 경향을 한번 살펴볼 필요
는 있지만, 따로 시간을 할애해서 면접 준비를 할 필요는 없다. 전공 학과 교수님
들이 면접관으로 참여하기 때문에 전공과 관련된 활동이나 책을 읽었다면 유리하
다. 자기소개서나 생활기록부에 기재된 내용은 거의 물어보지 않고 공통 인성 질문
이 위주이다.

6

고려대학교

대학	계열	전형	방식	사례 학부(과)	연도
고려대학교	인문	학교장 추천	다대일	독어독문	2014

1. 시험 방식

1) 대기실에서 12분 동안 제시문을 보고 어떻게 생각하는지 답변을 준비한다.

2) 면접실에 들어가서 제시문에 대해 6분 내외로 발표하고, 대기실에서 준비한
답변을 발표힌다.

2. 면접 내용

- 제시문은 '자연현상은 물질이 높은 데서 낮은 데로, 많은 곳에서 적은 곳으로
흐르는 것으로 균형이 중요하다'는 내용이었다. 자연현상에서 볼 수 있는 흐
름의 예는 무엇이고 그것이 중요한 이유는 무엇인가?

- 사회현상에서 볼 수 있는 대표적인 불균형의 예는 무엇이고 이에 대한 해결책은
무엇인가?

- 제시문을 바탕으로 30년 후 자신의 모습을 20자 이내로 표현해 보시오.

3. Tip

대부분의 다대일 면접 방식에서처럼 압박면접을 경험할 수 있다. 6분간 발표시간을 충분히 사용하지 않고 시간이 남으면 남은 시간만큼 추가 질문이 이어진다. 따라서 답변은 주어지는 A4용지에 충분히 준비해서 발표하고, 지속적인 추가 질문에 당황하지 않고 답변을 해야 한다. 답변이 너무 진부하지 않게 창의적으로 하는 것이 좋다. 이 학과를 지원한 동기나 고려대에 꼭 입학해야 하는 이유 등에 대해서는 묻는 면접관이 있고 묻지 않는 면접관이 있으므로 준비는 해야 한다. 고려대의 면접관들이 요구하는 것은 생각의 깊이, 사회를 인식하는 능력이므로 신문에서 이슈화되는 기사 내용에 대해 평소에 생각하는 능력을 기르는 것이 면접에 대한 대비가 될 수 있다.

7 고려대학교

대학	계열	전형	방식	사례 학부(과)	연도
고려대학교	인문	학교장 추천	다대일	교육학	2013

1. 시험 방식

1) 대기실에 대기하다가 호명되면 면접대기실로 이동하여 12분 동안 제시문을 읽고 메모지에 정리한다.
2) 면접실로 들어가 6분 동안 제시문에 대해 답한다.

2. 면접 내용

〈제시문 예시〉 다산 정약용에 대한 내용과 뭉크의 그림

– 다산 정약용이 지금 있다면 어느 분야에 관심이 있겠는가?

– 학창 시절 친구나 다른 사람과 함께해서 성공한 작품이 있는가?

– 이걸 해야 했던 이유는 무엇인가?

– 뭉크의 그림을 보고 상상력을 발휘해서 말해 보시오.

3. Tip

제시문에는 질문이 포함되어 있지 않다. 따라서 제시문을 읽는 12분 동안 어떤 질문을 할 것인지 예상하고, 글의 요점을 파악하는 것이 중요하다. 면접시간이 6분밖에 되지 않기 때문에 제시문에 대한 추가 질문 이외에 다른 질문은 하지 않는다.

대학	계열	전형	방식	사례 학부(과)	연도
단국대학교	인문	일반전형	다대일	경제학	2013

1. 시험 방식

1) 대기실에 대기하다가 호명되면 면접대기실로 이동하여 영어와 언어 제시문을 읽고 메모지에 정리한다.

2) 면접실로 들어가 제시문에 대해 답한다.

2. 면접 내용

1) 영어 제시문

- 제2차 세계대전 이후 혁신적인 정책에 대한 제시문에서 혁신적인 정책 3가지를 쓰고, 제시문에서 밑줄 친 부분을 해석하시오.

2) 언어 제시문

- 한자 폐지에 대한 찬성과 반대 의견에 대해 각 사람의 논거를 2개씩 쓰고 그

논거에 대한 나의 반대 의견을 제시하시오.

– 시와 그림의 공통점과 차이점을 각각 2개씩 이야기하고 그림 대회 1등이 그림
에 담지 못하는 것은 무엇인지 이야기해 보시오.

3. Tip

면접을 위해 따로 준비할 것은 없고 평소에 영어 단어 위주로 공부를 열심히 하
는 것으로 준비는 충분하다. 다른 학교와 달리 자기소개서와 생활기록부에 대한 질
문이 없고, 학과나 전공에 대한 질문도 없다.

9 대구대학교

대학	계열	전형	방식	사례 학부(과)	연도
대구대학교	인문	일반전형	다대일	간호/불어불문 등	2014

1. 시험 방식

1) 면접대기실에 대기하고 있다가 안내에 따라 3명씩 면접실로 들어간다.

2) 공통적인 질문은 학생들에게 번갈아 가면서 한다.

2. 면접 내용

1) 오전반

– 바람직한 대학생활에 관해 이야기해 보시오.

– 미래에는 신선한 야채나 과일의 가격이 올라 부자들만 먹을 수 있을 것이라 예상되는데 이것의 이유에 대해 설명해 보시오.

– 보이스 피싱의 해결책에 대해 말해 보시오.

2) 오후반

– 20년 후의 자신의 모습을 말하고 이것을 이루려면 대학생활을 어떻게 할 것인가?

– 1인 가구가 증가하는 원인이 무엇이라 생각하는가?

– 불법다운로드를 해결할 수 있는 방안에 관해 이야기해 보시오.

3. Tip

대구대학교 홈페이지에 탑재된 기출문제나 작년의 문제가 나올 것이라는 기대는 버리는 것이 좋다. 대구대학교의 경우 면접 문제는 해마다 새로운 내용을 물어보고, 오전과 오후의 문제가 다르므로 기출문제는 유형만 참고하도록 한다. 1번 항목의 경우 목표 및 성취 지향성을 묻는 문제는 비슷하게 출제될 수 있지만, 시사적인 문제는 해마다 다르므로 평소에 신문에서 이슈가 되는 문제에 대해 생각해 보는 연습을 하는 것이 필요하다. 3번 문항의 경우, 사범대는 '학교폭력의 증가로 학교 내의 체육 활동이 증가하고 있는데 이에 대한 장단점은 무엇이라고 생각하는가'였고, 간호학과는 '황사의 문제점에 대해 말해 보시오'였다. 이는 3번 문항이 학부마다 조금씩 차이가 있다는 것을 알 수 있다.

대학	계열	전형	방식	사례 학부(과)	연도
대구대학교	인문	DU 자기추천자	다대일	국어국문/국어교육	2014

1. 시험 방식

1) 면접대기실에 대기하고 있다가 면접실로 들어간다.

2) 전공과 시사문제가 놓여 있는 책상에서 2문제를 읽고 이에 대해 답하고, 자기 소개서에 기재된 내용에 대한 질문에 답하다.

2. 면접 내용

1) 자기소개서 관련 질문에서는 지원 동기와 자기소개서에 기재된 내용에 대해 꼬리에 꼬리를 무는 추가적인 질문을 계속해서 한다.

2) 전공 관련 질문

- 국어교육: 노벨 문학상을 누구에게 주고 싶은가? 그 이유는 무엇인가?

- 국어국문: 국어국문에서도 한자를 배워야 하는가?

3) 시사문제

- 국어교육: 10억 원을 받을 수 있다면 1년 동안 교도소에서 살 수 있다'에 청소년의 47%가 '그렇다'라고 답했다. 이에 대한 의견을 말해 보시오.
- 국어국문: 길거리에서 폭행을 당하는 사람의 동영상을 찍어서 인터넷에는 올리지만 아무도 신고는 하지 않았다. 이에 대한 의견을 말해 보시오.

3. Tip

대구대학교 일반전형의 경우에는 공통적인 질문 3개를 형식적으로 물어보는데, 자기추천자 전형의 경우에는 다대일로 자기소개서에 있는 내용을 집중적으로 물어본다. 예를 들어, 생활기록부에는 장래 희망이 초등교사였는데 왜 사범대인 국어교육학과에 지원하게 되었는지, 국어 과목보다 사회 과목에 교과우수상이 더 많은데 이유가 무엇인지 등 생활기록부와 자기소개서를 대비하면서 많은 질문을 하므로 이에 대한 대비가 필요하다. 특히 생활기록부에 기재된 장래 희망과 지원학과가 다를 경우 이에 대한 질문은 반드시 하게 되므로 답변을 준비해야 한다. 시사저인 문제도 정치, 경제적인 문제보다는 사회 이슈가 되는 가벼운 문제에 대한 답변을 요구하는 경우가 많으므로 평소에 시사직인 문세에 관심을 가져야 한다.

11 동국대학교

대학	계열	전형	방식	사례 학부(과)	연도
동국대학교	인문	Do Dream	다대일	국어국문/문예창작	2014

1. 시험 방식

1) 면접대기실에서 두 개의 제시문을 읽고 면접질문지에 대해 15분간 생각한 다음, 두 제시문 중에 한 개를 택해 13분간 면접관들과 상호 토론 방식으로 면접을 진행한다.

2) 7분간 자기소개서와 포트폴리오 내용에 대해 질문하고 답한다.

2. 면접 내용

1) 일본인 작가가 한국에 놀러 와 겪은 일을 만화로 나타낸 것이다.

〈만화 내용〉
① 일본인 부부가 산책을 한다.
② 갑자기 땅이 올록볼록 움직인다.
③ 일본인 남편은 '간첩? 땅굴?'이라고 하고, 한국인 아내는 '두더지?' 하고 놀란다.
④ 아내와 남편 둘 다 황당한 표정으로 남편이 '문화적 차이?'라고 말한다.

– 여기에서 일본인 남편의 상상력이 작용한 것에 대해 우리나라 역사 배경을 토대로 설명해 보시오.

2) 우리는 '유관순'을 '유관순 누나'라고 부른다.

유관순과 관련된 시 두 편 제시

– 여기서 '유관순 누나'라고 부르는 것에 대해 비판해 보시오.

3. Tip

2013년까지 동국대학교는 Do Dream 전형의 심층면접에서 시사 문제가 나왔었는데, 2014년부터는 위 방식으로 바뀌었다. 앞으로 논술우수자전형이 폐지되고 종합생활기록부 우수자 전형으로 선발할 경우 지문을 읽고 해석해서 자신의 의견을 제시하는 방식으로의 전환이 예상된다. 두 개의 제시문 중에서 자신 있는 것을 택해서 자신의 의견을 조리 있게 발표하는 것이 중요하다. 다대일 방식으로 면접이 진행되지만 타 대학에 비해 면접실의 분위기가 부드럽다는 평이 나 있으므로 면접에 대한 긴장은 적다. 자기소개서와 포트폴리오에 대한 질문은 확인 정도 수준이므로 자신이 제출한 자기소개서와 포트폴리오에 대해 자신 있게 이야기할 수 있으면 된다.

12 동국대학교(경주)

대학	계열	전형	방식	사례 학부(과)	연도
동국대학교(경주)	인문	자기추천자	다대일	경영학부	2014

1. 시험 방식

1) 대기실에 대기하다가 면접실로 입장한다.

2) 인성과 전공에 대한 질문에 10분간 답한다.

2. 면접 내용

– 대학 입학 후 학업계획에 관해 이야기해 보시오.

– 하고 싶은 활동이 많다고 자기소개서에 기록되어 있는데 다 할 수 있을 거라
생각하는가?

– 장래 희망을 이루기 위해 어떠한 노력을 하였는가?

– 주식 투자를 직접 해 본 적이 있는가?

– 동아리활동에 관해 이야기해 보시오.

– 이 학교에 꼭 붙어야 하는 이유에 대해 말해 보시오.

3. Tip

학과와 전공에 대한 질문이 많다. 따라서 학과 홈페이지를 방문해서 세부적인
커리큘럼이나 세부 전공에 대해 공부를 하고 가야 한다. 생활기록부나 자기소개서
에 전공과 관련된 내용을 기재하였다면 각 용어에 대해 정확한 이해를 하고 있어야
한다. 질문 대부분이 전공이나 학과와 관련된 질문으로 구성되어 있지만, 자기소개
서와 생활기록부에 기재된 내용에 대해 충분히 숙지해야만 한다. 장래 희망을 이루
기 위해 한 노력의 경우 2014년 새롭게 바뀐 자기소개서 공통양식의 2번 질문 문
항에 해당하므로 미리 생각해 두는 것이 좋다.

13 동덕여자대학교

대학	계열	전형	방식	사례 학부(과)	연도
동덕여자대학교	인문	일반전형	다대일	일본어학	2013

1. 시험 방식

1) 면접대기실에서 본인 확인하고 나무젓가락 뽑기를 통해 문제 추첨을 한다. 추
첨된 문제에 대해 답안 준비 시간이 10분간 주어진다. 면접 문항은 기본소양,

영어, 수학능력 및 사고력 등 총 3개의 파트로 구분되어 있다.

2) 면접실로 입장하여 질문에 답한다.

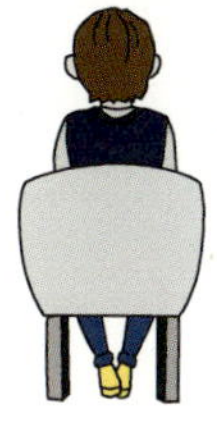

2. 면접 내용

1) 수학능력 및 사고력

면접관이 두 개 문항 중에서 한 개를 선택하여 질문한다.

- 질문 1: 최근 한 SNS 그룹 대화방에서 여고생이 친구들에게 집단 괴롭힘을 당해 자살한 사건이 있었다. 학생들 간의 사이버 왕따를 막을 수 있는 방법은 무엇인지 말해 보시오.

- 질문 2: 당신은 커피전문점을 운영할 계획이다. 유명 브랜드(스타벅스, 카페 베네 등)의 프랜차이즈 형태로 운영할 것인지 혹은 자신만의 독자적인 브랜드로 운영할 것인지를 선택하고, 그렇게 선택한 이유를 설명해 보시오.

2) 영어

- 다음 두 지문 중 하나를 선택하여 요약하시오.

3) 기본 소양

- 대학에 합격한 ○○ 씨의 어머니가 갑자기 병에 걸려 수술을 해야 한다. 집에는 돈이 없고, ○○ 씨는 대학입학등록금을 내지 못하면 입학이 취소되어 군

대에 가야 할 경우 당신이 ○ ○ 씨라면 둘 중 어떤 선택을 할 것이며, 이유는 무엇인지 말해 보시오.

– '사랑방 손님과 어머니"의 어머니와 "심청전"의 뺑덕어멈의 차이점과 어머니의 삶에서 중요한 것을 골라 그 이유를 말해 보시오.

3. Tip

동덕여자대학교 홈페이지에 기출문제가 있으므로 꼭 기출 유형을 파악해야 한다. 하지만 2015년 입시에서는 이 전형이 폐지되므로 각 전형을 잘 살펴보아야 한다. 비록 이 전형이 폐지되더라도 면접 방식은 크게 변하지 않으므로 유형을 잘 파악해야 한다.

14 동아대학교

대학	계열	전형	방식	사례 학부(과)	연도
동아대학교	인문	자기추천자	다대일 집단토론	철학/윤리문화학	2013

1. 시험 방식

1) 면접실에서 자기소개서나 생활기록부 기재 내용을 바탕으로 한 질문에 답한다.

2) 학과와 관련된 대내외 활동을 자율적으로 발표하고 발표에 대한 추가 질문에 답한다.

3) 토론면접실로 이동하여 하나의 주제에 관해 토론한다.

2. 면접 내용

1) 인성면접

- 의미 있는 봉사활동에 관해 이야기해 보고, 느낀 점을 이야기해 보시오.

- 진로계획에 관해 이야기해 보시오.

- 마지막으로 하고 싶은 말을 해 보시오.

2) 발표면접

- 학과와 관련된 대내외 활동에 대해 자유롭게 발표해 보시오.

- 철학자 한 사람을 말하고 그의 사상에 관해 이야기해 보시오.

3) 토론면접

- 유비, 조조, 손권과 같은 리더의 유형 중에서 현대사회에 필요한 리더 유형을
  정하고 자유롭게 토론하시오.

3. Tip

인성면접과 발표면접은 자기소개서의 내용을 중심으로 질문하기 때문에 자기소개서 내용을 충분히 숙지하고 있어야 한다. 그리고 학과와 전공과 관련된 활동을 정리해서 발표면접에 대비하는 것이 필요하다.

15 동아대학교

대학	계열	전형	방식	사례 학부(과)	연도
동아대학교	인문	자기추천자	다대일 집단토론	고고미술사학/ 국어국문학	2014

1. 시험 방식

1) 면접실에서 7분간 질문에 답한다.

2) 토론면접실로 이동하여 하나의 주제에 대해 25분간 토론한다.

2. 면접 내용

1) 인성면접

〈고고미술사학과〉

– 지원 동기가 무엇인가?

– 미술이나 역사와 관련된 책 중에서 기억에 남는 것을 말해 보시오.

– 품행과 관련된 상이 많은데 스스로 모범직이라고 생각하는가?

– 1학년 때 반장을 했는데 어떤 점이 힘들었고, 반장 활동이 이 학과로 진학하는
  데 어떤 점이 도움이 된다고 생각하는가?

– 자신의 롤 모델은 누구인가?

– 자신이 알고 있는 유물이나 유적 중 하나를 우리에게 소개해 보시오.

– 스스로 자신감이 있는 편이라고 생각하는가?

〈국어국문학과〉

– 지원한 동기가 무엇인가?

– 동아대학교 홈페이지에 들어가 보았는가?

– 살아오면서 기억에 남는 경험이 있다면 말해 보시오.

– 자기소개서에 ○○○이라고 쓰여 있는데 그게 무슨 뜻인가?

2) 토론면접

– 현 저작권법은 식당과 카페에서 음악을 틀어주는 것을 예외적으로 돈을 지불
하지 않게 하고 있다. 하지만 식당과 카페에서 음악을 틀어 줌으로써 가게가
이익을 얻을 수 있기 때문에 음악에 대한 저작권을 따로 지불해야 한다는 의
견도 최근 대두되고 있다. 그렇다면 여러분의 생각을 토론해 보시오.

※ 경찰행정학과 주제: 2015년 흡연제한 구역을 실시하는데 이에 대해 찬성하는
가?

3. Tip

토론면접은 자유롭게 진행되기 때문에 자신에게 주어진 시간을 최대한 잘 활용
하는 것이 중요하다. 토론 주제는 단과대학별로 다른 것으로 보므로 따로 대비할
필요는 없다. 인성면접에서는 단순히 인성적인 측면만을 묻는 것이 아니라 자기소
개서나 생활기록부에 기재된 전공과 관련된 활동에 대해 묻고 있기 때문에 전공과
활동과의 연계에 대해 생각해 두어야 한다. 자신이 의미를 가지고 노력한 내용이
전공이나 학과와 연계성이 있으면 좋다.

16 명지대학교

대학	계열	전형	방식	사례 학부(과)	연도
명지대학교	인문	기회균등	다대일	아랍지형학	2014

1. 시험 방식

1) 면접대기실에서 대기하다가 호명하면 면접실로 이동한다.

2) 면접관의 질문에 10분간 답한다.

2. 면접 내용

– 아랍에 대해 알고 있는 것에 관해 이야기해 보시오.

– 아랍 전문 관광 통역사가 되고 싶다고 했는데 우리나라에 아랍 관광객이 얼마
 나 방문하는지 알고 있는가?

– 꿈을 이루기 위해서 학교에서 한 일은 무엇인가?

– 마지막으로 하고 싶은 말이 있으면 해 보시오.

3. Tip

학과별로 면접이 이루어지기 때문에 학과에 대한 정보는 필수적이다. 자기소개
서에서 학과와 연관된 활동 내용에 대한 정리가 필요하다. 또한, 미래의 진로에 대
한 공통 질문에 대한 답변도 미리 준비해야 한다. 면접 때 가장 중요한 것은 자신
감이다. 면접실에 들어가면 떨리기 때문에 준비해 간 것이 많이 기억나지 않으므로
질문 하나하나에 자신감 있게 대답하려고 노력하는 태도가 중요하다. 학교 홈페이
지를 통해 학과 정보를 충분히 익히고 학과 커리큘럼이나 진로에 대해 충분히 숙지
해야 한다.

17 부경대학교

대학	계열	전형	방식	사례 학부(과)	연도
부경대학교	인문	학업성적우수자	다대일	유아교육	2014

1. 시험 방식

1) 면접대기실에서 두 개의 문항지를 읽고 면접질문지에 대해 10분간 생각한 다음, 문항에 대해 답한다.

2) 자기소개서, 포트폴리오 내용에 대해 질문하고 답하다.

2. 면접 내용

1) 지원 동기, 학업계획, 진로계획 등을 질문한다.

2) 문제 1

- 문항 1: 사례 A, B, C, D 제시. A, B, C, D 중에서 손해배상을 청구받을 수 있는 사례를 선택하고, 그 이유를 설명하시오.

– 문항 2: 각국에서 특화해야 하는 상품과 그 이유를 말해 보시오.

	자동차	배
A국	8	7
B국	3	8

3) 문제 2

– 문항 1: 〈제시문〉 양양 송이 축제, ~ 축제, ~ 축제 등

- 이들 축제는 하향식 개발인가, 상향식 개발인가?
- 이 정책의 장점과 단점을 1개 이상씩 말해 보시오.

– 문항 2: 〈제시문〉 노무현 대통령 탄핵 소추 관련 제시문

- 탄핵소추권이 있는 이유는 무엇인가?
- 입법부가 행정부를 경계하는 방법은 무엇인가?

3. Tip

전공과 관련한 질문이 전혀 없는 것으로 봐서 면접관들이 전공과 교수가 아니라 입학사정관인 것으로 보인다. 문제의 유형도 법과 정치 등의 문제가 출제되므로 따로 전공과 관련된 공부를 할 필요는 없다. 정규 고등학교 수업시간에 열심히 공부했다면 따로 면접을 준비할 필요는 없지만, 학업계획이나 면접에 임하는 태도 등은 사전에 대비하고 가야만 한다. 기출문제 확인을 통해 문제 출제 유형만 파악하면 되고 사회탐구 영역의 수업시간에 열심히 공부하면 된다.

대학	계열	전형	방식	사례 학부(과)	연도
부산가톨릭대학교	인문	인문계고	다대다	사회복지상담	2014

1. 시험 방식

1) 문항대기실에서 3명이 한 조가 되어 문항열람실로 이동한다.

2) 문항열람실에서 영어 문제와 일반소양 문제 각 1문제씩으로 구성된 3세트의 문항지 중에 각자 하나를 선택해서 15분간 답변을 준비한다.

3) 면접실로 이동하여 문항지에 대한 답변을 한다.

2. 면접 내용

1) 영어 문제

- 영어독해로 지문이 6줄 정도로 되어 있다.

- 2014년도 영어 지문 키워드는 암, 게놈, 수면이었다.

> 〈예시〉 영어 독해 면접 문항(240점 만점)
>
> 〈문제〉 다음 지문을 우리말로 해석하시오.
>
> What makes us human? Just looking at your DNA won't tell you – the human genome is 99% identical to a chimpanzee's. We do, however, have bigger brains than most animals – not the biggest, but packed with three times as many neurons as a gorilla. A lot of the things we once thought distinguishing about us – language, tool-use, recognizing yourself in the mirror – are seen in other animals. Perhaps it's our culture – and its subsequent effect on our genes – that makes the difference. Scientists think that cooking and our mastery of fire may have helped us gain big brains. But our capacity for co-operation and skills trade is what really makes this a planet of humans and not apes.

2) 일반소양 문제

– 2014년도 노인복지학과의 일반소양 키워드는 손목, 노인(영양), 가전제품(위생)이었다.

> 〈예시〉 일반 소양 면접 문항(160점 만점)
>
> 〈지문〉 통계청이 발표한 '2012년 혼인 및 이혼 통계'에 따르면 남성의 평균 초혼(첫 번째 결혼) 연령은 32.1세로 2011년보다 0.2세 높아졌고, 여성은 0.3세 높아진 29.4세를 기록했다. 남성의 경우, 통계를 작성하기 시작한 이래 처음으로 32세를 돌파한 것이고, 10년 전을 기준으로 봤을 때는 남성과 여성 모두 2.4세 높아진 것이다.
>
> 〈문제〉 우리 사회에서 남녀 구분 없이 초혼 연령이 점차 높아져 가고 있는 원인을 말하고, 그에 따른 사회적 문제점에 대해 말해 보시오.

3. Tip

부산가톨릭대학교의 경우 1차 합격자 발표 후에 홈페이지에 영어와 일반소양 주제가 키워드로 제시된다. 매년 기출 면접 문제도 홈페이지에서 확인할 수 있는데, 영어 지문도 학교에서 직접 문제를 만들기 때문에 기출문제를 분석하는 것보다는 해마다 제시되는 키워드 관련 단어 위주로 철저히 준비해야 한다. 6줄 정도의 지문이 출제되므로 관련 영어 단어와 키워드만 철저하게 사전 준비한다면 어렵지 않게 해석할 수 있다. 일반소양의 경우 그해 3월부터 8월 사이에 이슈가 된 기사들 위주로 키워드와 관련된 내용을 검색해서 준비해야 한다. 2개 문항 이외에는 다른 추가 질문은 없으므로 영어 지문과 일반소양 질문에 대한 답변만 충실히 하면 된다.

19 부산대학교

대학	계열	전형	방식	사례 학부(과)	연도
부산대학교	인문	고교생활우수자	다대일	언어정보	2014

1. 시험 방식

1) 면접대기실에서 대기하다가 한 명씩 면접실에 입장한다.

2) 15분간 다양한 질문에 답한다.

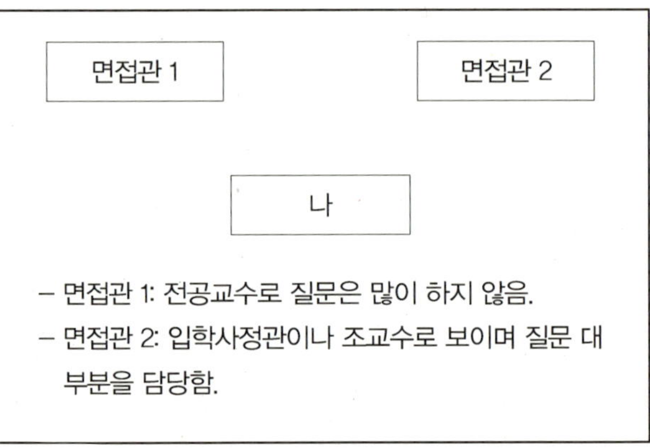

2. 면접 내용

– 자기소개를 해 보시오.

– 장래 희망에 대해 구체적으로 이야기해 보시오.

– 자신의 잠재력을 보일 수 있는 재학 중에 있었던 사례를 말해 보시오.

– 교과목 중 가장 좋아하는 과목은 무엇이고, 그 이유는 무엇인가?

- 학생은 신문방송학과가 더 적합할 것 같은데 언어정보학과를 지원한 이유는
  무엇인가?
- 고교 생활 중 가장 힘들었던 적은 언제인가?
- 마지막으로 하고 싶은 말을 해 보시오.

3. Tip

자기소개서와 생활기록부를 바탕으로 질문이 이루어진다. 한 가지 질문에 답을
하면 이에 대한 세부적인 질문이 많고, 계속해서 묻고 답하는 과정이 15분간 반복
되므로 긴장하지 말고 소신껏 자신감을 가지고 대답하는 것이 중요하다. 따로 면접
에 대해 준비를 하지 않더라도 자기소개서에 과장되거나 거짓 진술만 없다면 무난
하게 답할 수 있는 질문들로 구성되어 있다. 자기소개서에 기재된 내용보다는 장래
희망이나 미래의 꿈에 대해 집중적으로 묻기 때문에 자신의 미래에 대한 비전을 확
실하게 제시할 수 있도록 준비한다.

20 부산대학교

대학	계열	전형	방식	사례 학부(과)	연도
부산대학교	인문	PNU	다대일	국어국문	2013

1. 시험 방식

1) 대기실에서 대기하다가 한 명씩 호명되면 면접 준비실에서 15분간 영어 지문
   을 해석한다.
2) 면접실로 이동해서 한 문장씩 영어를 읽고 해석한다.
3) 영어 지문을 바탕으로 한 다양한 질문에 답한다. 총 소요 시간은 15분이다.

2. 면접 내용

1) 영어 지문 내용

- 학교 폭력에 관한 내용

2) 면접

- 학교 폭력의 원인은 무엇이라 생각하는가?

- 해결방법은 무엇인가?

- 학교폭력 경험이 있는가?

- 국어국문학이 학교폭력을 예방하는 데 어떤 도움을 줄 수 있는가?

- 학교폭력에 관해 하고 싶은 말이 있는가?

3. Tip

영어 지문은 수능 문제보다 쉽게 출제되기 때문에 어렵지 않게 해석할 수 있다. 따라서 면접관들 앞에서 침착하게 영어로 말하고 해석하면 된다. 이후 이어지는 영어 지문에 대한 추가 질문은 어려운 것을 물어보는 것이 아니므로 자신감 있는 태도로 질문에 또박또박 답하면 된다.

삼육대학교

대학	계열	전형	방식	사례 학부(과)	연도
삼육대학교	인문	일반전형	다대일	상담심리	2013

1. 시험 방식

1) 대기실에 대기하다가 면접 준비실로 이동해서 A와 B 문제 유형 중 하나를 선택하고 유형 중에 제시된 2개의 문제 중에서 하나를 선택해서 3분간 답변을 준비한다.

2) 면접실로 이동해서 문제에 대해 답한다.

2. 면접 내용

1) 전공적성 평가

– 한국인의 자살률이 높은 이유는 무엇인가?

– 숙제를 못 하는 아이에게 숙제를 시킬 수 있는 방법은 무엇인가?

2) 기초 소양 평가

– 다문화 가정 문제를 해결하기 위한 방법은 무엇인가?

– 패럴림픽이 관심을 가지지 못하는 이유와 해결방안은 무엇인가?

3. Tip

면접일시 공개와 동시에 면접 진행 방식이 홈페이지에 자세하게 공지된다. 평소 학과와 전공에 대한 관련 지식을 쌓아 두면 유리하다. 3분 만에 문제에 대해 답변을 해야 하므로 순발력과 빠른 문제 해석 능력이 필요하다.

22 서강대학교

대학	계열	전형	방식	사례 학부(과)	연도
서강대학교	인문	학생우수자	다대일	경제학/경영학	2014

1. 시험 방식

1) 면접대기실에서 대기하다가 호명하면 면접실로 이동한다.

2) 복도에 준비된 대기실에서 10분간 면접 문제를 읽고 답변을 준비한다.

3) 면접실로 이동하여 10분간 질문에 답한다.

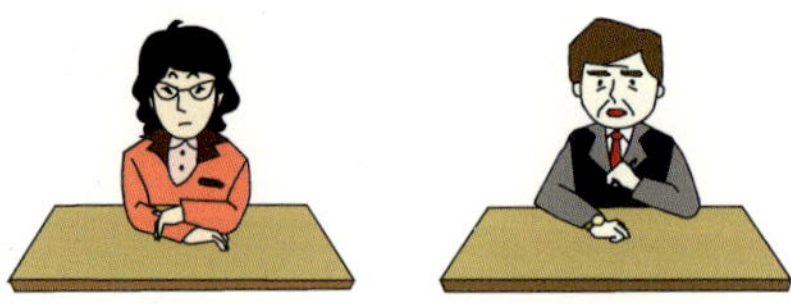

2. 면접 내용

〈경제학과〉

- 은행이 대출 금리를 정할 때 신용등급에 따라 금리를 높게 책정할지 또는 낮
  게 책정할지에 대해 의견을 말해 보시오.

〈경영학과〉

- 지원한 동기가 무엇인가?
- 우수성 입증 자료의 ○○○ 내용에 대해 자세히 설명해 보시오.
- 마지막으로 하고 싶은 말을 해 보시오.

3. Tip

제시된 문제와 관련된 질문 이외에 다른 질문은 하지 않기 때문에 논술전형은 아니지만, 논술을 준비하는 것과 마찬가지로 준비하면 좋다. 자기소개서에서 학과와 관련된 질문을 하므로 학과나 장래 희망에 대해 정리해 둘 필요가 있다. 질문에 답을 하면 꼬리를 무는 질문이 이어지므로 추가 질문에 답하기 위해서는 평소에 자신의 가치관이나 미래관을 뚜렷이 할 필요가 있다.

23 서울대학교

대학	계열	전형	방식	사례 학부(과)	연도
서울대학교	인문	일반	다대일	경영학	2014

1. 시험 방식

1) 면접대기실에서 대기하다가 호명하면 한 명씩 면접대기실로 이동한다.

2) 면접대기실에서 60분간 제시된 수학, 영어 문제에 대해 면접 준비시간을 가진다.

3) 면접실로 이동해서 면접관 앞에서 15분간 문제에 대해 발표하는 형식으로 진
   행된다.

2. 면접 내용

1) 수학 문제: 세 문제에 소문항이 각 3개로 각각 1-1, 1-2, 1-3, 2-1, 2-2, 2-3, 3-1, 3-2, 3-3번으로 구성된다.

〈예시〉 $Y = x^2 + 1$과 $(a, 0)$ (단, $a > 0$) 사이의 거리를 최소로 만드는 $y = x^2 + 1$ 위의 점을 $(b, b^2 + 1)$이라고 할 때 $(0, 1)$에서 $(a, 0)$을 연결한 선분과 $(a, 0)$과 $(b, b^2 + 1)$을 연결한 선분과 $y = x^2 + 1$ 사이의 면적을 D라고 하자.

1-1. a를 b에 대한 식으로 나타내시오.

1-2. D를 b에 대한 식으로 나타내시오.

1-3. D=1을 만족하는 x의 개수를 말하시오.

2) 영어 문제: A4 1장 분량의 총 4단락으로 이루어진 영어 제시문과 그에 대한 3개의 문제가 있다.

〈제시문 1~4〉

– 각 단락의 핵심요지를 요약해 보시오.

– 위 제시문과 같은 현상이 나타나는 근본적인 원인은 무엇인가?

– 위 제시문과 같은 현상이 일어나는 것을 기업의 입장에서 어떻게 적용할 수 있는가?

3. Tip

2015 입시에서 정부가 대학들에서 출제하는 수리논술이나 면접 문제를 고등 교과서 수준에서만 출제할 것을 요구했다. 따라서 자연계와 마찬가지로 기존의 문제들과 달리 2015 입시에서는 대부분 대학에서 수리논술이나 면접문제 난이도가 평이하고, 평소에 개념 정리만 제대로 했다면 쉽게 풀수 있는 문제일것이다. 따라서 영어, 수학 문제에 대해 자신이 생각하는 바를 충분히 전달할 수 있도록 하고, 풀이 과정을 잘 모를 경우 교수님께 힌트를 달라고 하는 것도 좋다.

24 서울시립대학교

대학	계열	전형	방식	사례 학부(과)	연도
서울시립대학교	인문	일반전형	다대일	경영학	2014

1. 시험 방식

1) 면접대기실에서 대기하다가 호명하면 면접실로 이동한다.

2) 준비실에서 30분간의 시간을 주고 제시된 영어 문제와 선택 문제 두 문제 중에서 하나를 선택하는 선택 문제를 풀이한 후, 면접관 앞에서 각 10분간 풀이한 내용을 발표하는 형식으로 진행된다.

2. 면접 내용

1) 영어 문제: 회사의 매출이 줄어든 것에 대한 문제와 개선방향

– 수능점수는 잘 받았나?

– 여기 말고 다른 데 수시 쓴 곳은 어디인가?

– 경영학은 수학이 중요한데 수학공부는 잘하는가?

– 가격변동을 수학적 용어로 무엇이라고 하는가?

– 표준편차란 무엇인가?

– 영어 지문에서 요구하는 개선책이란 무엇이라 생각하는가?

2) 선택 문제: 산업화 문제

– 산업화와 정보화의 정의를 말해 보시오.

– 산업화 과정을 거치지 않고 바로 정보화로의 진행이 가능한가, 가능하지 않은가?

3. Tip

제시문에 대한 문제에 대해 묻고 자기소개서나 생활기록부에 대해서는 묻지 않는다. 따라서 정규교육과정에서 영어공부와 사회공부에 충실하면 충분히 대비할 수 있다. 제시문과 상관없는 질문이 추가로 이어지더라도 당황하지 말고 침착하게 답하는 것이 필요하다.

 서울여자대학교

대학	계열	전형	방식	사례 학부(과)	연도
서울여자대학교	인문	기독교지도자	다대일	기독교학과	2014

1. 시험 방식

1) 면접대기실에서 대기하다가 호명하면 면접실로 이동한다.

2) 준비실에서 20분간의 시간을 주고 제시된 영어 문제와 언어 문제를 풀이한 후, 면접관 앞에서 10분간 풀이한 내용을 발표하고 인성면접을 실시하는 형식으로 진행된다.

2. 면접 내용

1) 언어지문

- 동양사상의 특징을 4개 이상 찾아서 말해 보시오.

- 제시문(인간 중심 사회를 비판하는 글)의 문제점을 지적하고, 이를 해결할 수 있는 방안을 말해 보시오.

2) 영어 지문

〈제시문〉 영장류의 언어를 인간의 언어와 연관시킨 내용

– 제시문을 읽고 영장류와 인간의 언어를 비교해 보시오.

– 인간의 언어를 가르치기 위해서 제시문에서 실행했던 초기 실험의 문제점과
  이후의 해결 방안을 말해 보시오.

3) 인성면접

– 어린 시절 겪었던 어려움 극복한 경험과 그것을 통해 느낀 점은 무엇인가?

– 대학에 진학하고 난 후 어떻게 공부할 예정인가?

– 자신의 목표를 어떻게 실행해 나갈 것인가?

– 어린 시절의 경험에 비추어 앞으로 마주하게 될 문제를 어떻게 해결할 것인가?

3. Tip

면접관과의 거리가 가까우므로 목소리를 크게 하는 것보다는 또박또박 발음하
고 침착하게 답하는 것이 좋다. 제시문과 영어 지문을 해석한 내용을 발표하는 것
은 정규교육과정만 충실히 이수했다면 어렵지 않게 답할 수 있다. 인성면접의 경우
에도 어려운 내용을 물어보지 않기 때문에 자신의 진로와 장래 희망에 대한 생각만
정리한다면 어렵지 않게 답을 할 수 있다.

26 성공회대학교

대학	계열	전형	방식	사례 학부(과)	연도
성공회대학교	인문	특별전형	다대일	중국학	2014

1. 시험 방식

1) 면접대기실에서 대기하다가 호명하면 면접실로 이동한다.

2) 면접실에서 10분간 질문에 답한다.

2. 면접 내용

– 자기소개를 해 보시오.

– 이 학교는 어떻게 알고 왔는가?

– 중국의 긍정적인 이미지와 부정적인 이미지에 대해 말해 보시오.

– 공존이란 무엇이라고 생각하는가?

– 마지막으로 하고 싶은 말이 있으면 해 보시오.

3. Tip

어려운 내용은 아니지만, 학과와 관련된 질문이 있다. 나머지 질문은 충분히 예상되는 평범한 질문이므로 예상 질문에 대해 사전에 연습해 볼 필요가 있다.

대학	계열	전형	방식	사례 학부(과)	연도
성균관대학교	인문	리더십 전형	다대일	경영학	2014

1. 시험 방식

1) 면접대기실에서 나눠 주는 면접 유의사항을 꼼꼼히 읽으면서 대기한다.

2) 면접실로 이동해서 20분간 질문에 답한다.

2. 면접 내용

– 리더로서 갖추어야 할 조건이 무엇이라 생각하는가?

– 리더란 선천적으로 타고나는 것인가, 후천적으로 만들어지는 것인가?

– 학생이 존경하는 분들의 리더십을 비교해서 설명해 보시오.

– 자기소개서와 생활기록부 관련 질문

3. Tip

면접관들의 한쪽에는 자기소개서와 생활기록부를, 다른 한쪽에는 학교 측에서 준비한 질문지와 점수표를 두고 질문과 채점이 이루어진다. 자기소개서와 생활기록부를 바탕으로 이루어지는 면접이므로 자신을 솔직 담백하게 드러낼 수 있도록 면접에 임해야 한다. 리더십 전형이라 리더로서의 자질과 리더로서 갖추어야 할 조건 등에 대해 생각해 보는 것이 필요하다.

28 성신여자대학교

대학	계열	전형	방식	사례 학부(과)	연도
성신여자대학교	인문	성신자기주도형인재	다대다	유아교육	2014

1. 시험 방식

1) 과정

1단계		2단계		3단계		4단계
교직유형검사 (45분) 〈지필평가〉	⇨	심층면접 (20분)	⇨	동영상 시청 및 답변준비 (10분)	⇨	교직 적 · 인성면접 (20분)

2) 면접 방식

2. 면접 내용

1) 교직유형검사

청소년 성범죄의 급증, 탈북학생들의 학교 부적응 사례에 대한 각 기사를 읽고 이에 대해 '내가 교사라면 이 상황에서 어떻게 대처할 것이며, 상황의 원인과 해결 방안은 무엇이라고 생각하는지에 대해 서술하시오'라는 질문을 지필평가 형태로 풀고 제출한다.

　※ 교직유형검사는 바로 채점을 하지는 않지만 이후 교직 적·인성면접에서 이
　　 를 바탕으로 추가적인 질문을 하는 용도로 사용됨.

2) 심층면접

－ 사귀기 꺼려지는 친구의 유형이 있다면 그 유형을 말하고 그런 친구들까지 사
　 귀어야 하는지 자신의 의견을 말해 보시오.

－ 기쁨은 나눌수록 커진다. 이처럼 물질적인 것이 아닌 비물질적인 것에서 나눌
　 수록 커지는 것은 무엇이 있겠는가?

－ 과잉 교육열(과잉학력)의 문제점과 그 해결 방안을 말해 보시오.

－ 자신이 유치원 교사가 되었을 때 어떤 어려움이 있을 것 같으며 해결은 어떻

게 할 것인가?

- 자신이 생각하는 Leader와 Follower의 정의를 말하고 자신은 어떤 유형인지 말해 보시오.
- 유치원 교사가 갖추어야 할 자질 중에서 가장 중요하다고 생각하는 것은 무엇인가?

3) 동영상 시청 및 답변 준비

<동영상> 드라마 '학교 2013' 중에서 은혜(학생)와 장나라(교사)가 대화하는 장면을 1분 47초간 보여준다. 내용은 학생의 잘못된 가치관을 바로잡아 주려는 선생님의 모습이다.

드라마의 앞, 뒤 내용과는 상관없이 동영상에 나온 장면만을 토대로 답변하세요.

- 내가 교사라면 이 상황에서 학생의 가치관을 바르게 잡아 줄 것인지, 상대적으로 인정할 것인지 선택하고 그 이유가 무엇인지 말해 보시오.
- 위의 선생님과는 달리 나만의 방법으로 해결할 방법이 있다면 구체적으로 말해 보시오.

4) 교직 적·인성면접

앞서 시청한 동영상에 대한 질문 두 가지에 대해 답을 하고, 교직유형검사에서 작성한 내용을 바탕으로 추가적인 질문을 한다.

- 자신이 겪은 일 중에서 가치관이 올바르지 못한 사람의 사례를 얘기하고 그 해결 방안은 무엇인지 말해 보시오.
- 청소년 성범죄를 겪은 학생을 어떻게 도울 것인지, 학생들에게 성교육을 어떤 방식으로 할 것인지 말해 보시오.
- 탈북 학생들의 학교 부적응 문제의 원인 및 해결 방안에 대해 말해 보시오.
- 모둠 과제를 주었을 때 한 학생이 찾아와 모둠에서 한 명이 제대로 하지 않는다며 점수를 깎아 달라고 요구할 때 어떻게 할 것인지 말해 보시오.

3. Tip

성신여자대학교의 경우에는 성적도 중요하지만 '성실, 열정, 전문성'을 평가요소로 더 많이 보고 있다. 따라서 전공과 직업에서 예상되는 문제 상황과 이를 해결하는 능력에 대한 질문이 많으므로 이에 대해 미리 공부하고 가는 것이 좋다. 제공되는 메모지는 면접 보는 중간 중간에 최대한 활용해서 면접에 임하는 자세와 열정을 보여 주도록 한다. 자신감 있게 답변하는 것도 중요하지만, 질문에 대해 성실하게 답변하는 자세가 필요하다.

29 숙명여자대학교

대학	계열	전형	방식	사례 학부(과)	연도
숙명여자대학교	인문	숙명미래인재	다대일	미디어	2014

1. 시험 방식

1) 면접대기실에서 대기하다 과제 수행장으로 이동해서 14분간 제시문을 읽고 두 문제를 풀고 한 명씩 면접실에 입장한다.
2) 15분간 문제에 대해 답과 함께 자기소개서와 생활기록부에 기재된 내용을 바탕으로 질문하고 답한다.

2. 면접 내용

- 인간과 기계화의 관계에 대한 제시문 (가)와 (나)를 읽고 이 둘의 차이점과 공통점을 말해 보시오.
- 기계는 인간의 부족한 점을 보완하기에 편의성을 준다. 그렇다면 인간이 단지 보다 나은 능력을 가지기 위한 기계의 사용은 편의성을 정당화할 수 있는가?

3. Tip

숙명여자대학교는 홈페이지에 모의 구술면접 시험지가 제공된다. 하지만 이 시험지에 있는 내용이나 주제가 실제로 출제되지는 않는다. 제공되는 모의 구술면접 시험지는 문제의 유형을 파악하는 데만 사용해야 한다. 질문에 대한 답을 하게 되면 이에 대한 날카로운 추가 질문이 이어지기 때문에 자신의 주장과 이에 대한 논리적인 근거를 확실하게 정리해서 답을 해야 한다. 문제에 대한 답변이 끝나면 바로 인성을 파악하는 질문이 이어진다. 여기서는 자기소개서와 생활기록부에 대한 내용을 질문하기 때문에 긴장하지 않고 편안하게 답하면 된다.

30 숭실대학교

대학	계열	전형	방식	사례 학부(과)	연도
숭실대학교	인문	문학특기자	다대일	문예창작	2014

1. 시험 방식

1) 면접대기실에서 대기하다가 호명하면 면접실로 이동한다.
2) 자기소개서와 생활기록부를 바탕으로 질문하고 답한다.

2. 면접 내용

– 윤동주 백일장에서 1등을 했는데 그때 시제가 어떤 것이었나? 그때 쓴 글의 내용 혹은 첫 문장을 기억하는가? 기억이 나면 말해 보시오.

– 글 쓰는 장르가 무엇인가?

– 어떻게 지원하게 되었나?

– 그럼 숭실대학교하면 무엇이 떠오르는가?

– 숭실대학교에 오면 무엇을 배우고 싶은가?

– 나비하고 바다가 있다. 그것들과 관련해서 묘사를 해 보시오.

– 좋아하는 사람은 국내 국외 작가 한 명씩을 꼽고 그 이유를 이야기해 보시오.

3. Tip

사례가 문학 특기자전형이라 자기소개서와 생활기록부에 기재된 내용을 바탕으로 편안하게 진행됨을 알 수 있다. 대학과 학과에 대한 이해가 필요하며 진실성 있는 내용으로 열정을 나타낼 수 있도록 한다. 이 학과에 대해 충분히 이해하고 지원했는지, 하고 싶은 일이 학과와 관련이 깊은지에 대한 질문을 많이 하므로 장래 희망이나 꿈과 지원학과가 연계될 수 있도록 스토리를 만들어야 한다.

31 연세대학교(원주)

대학	계열	전형	방식	사례 학부(과)	연도
연세대학교(원주)	인문	특기인재	다대일	인문과학학부	2014

1. 시험 방식

1) 면접대기실에서 대기하다가 한 명씩 면접실에 입장한다.

2) 면접지 숙지 시간은 20분이고, 20분간 면접지에 있는 질문에 답한다.

2. 면접 내용

1) 제시문을 읽고 물음에 답하시오.

(가) 제시문: 창의성에 대한 분류 3가지, 예술적 창의성, 과학적 창의성, 그리고 경제적 창의성을 제시하고 그에 대한 설명
(나) 제시문: 창의성과 관련된 사례 제시
(다) 제시문: 우리나라가 지금 성장이 정체되어 있다는 내용의 제시문

   1-1: 제시문 (나)의 사례가 제시문 (가)의 창의성 중 어떤 종류의 창의성이고, 실생활이나 상품에 대한 또 다른 창의성은 무엇인가?

1-2: 제시문 (다)의 해결 방안을 제시문 (가), (나)를 참고해서 제시하시오.

2) 우수성 입증 자료를 바탕으로 답하시오.

2-1: 본인의 특기가 얼마나 우수한지 근거를 들어 설명하고, 그 특기를 통해 얻은 결과나 교훈을 말하시오.

2-2: 그 특기가 사회에 어떻게 기여할 것이라고 생각하는가?

3) ○○○ 학자가 '객관적 진리는 없다. 그러니 모든 판단은 개인이 내려야 한다. 그리고 본인의 가치관, 주장, 신념은 생각하는 그대로가 맞고 그게 진리다'라고 말한 바 있다. 이에 대해 개인의 이익과 사회의 이익이 충돌할 때 어떤 행동을 보일지, 그리고 그러한 행동을 한 사람을 본인의 윤리관에 비추어 평가하시오.

3. Tip

특기인재전형이라 자신의 특기라고 내세운 분야에 대한 질문이 있다. 제시문에는 딜레마에 대한 것을 제시하고 이에 대해 자신의 윤리관을 물어보는 문제들이 출제되고 있으므로 대비를 해 두어야 한다. 인문계열에 속한 학부의 문제가 모두 동일하므로 시사와 윤리, 그리고 사회문화 전반적인 것에 관심을 가지고 공부해야 한다. 특히 윤리와 사상, 사회문화 과목의 수능 개념서 공부가 도움이 될 것이다.

32 연세대학교

대학	계열	전형	방식	사례 학부(과)	연도
연세대학교	인문	학교생활우수자	다대일	경영학/독어독문학	2014

1. 시험 방식

1) 면접대기실에서 신분증 확인 후 면접실로 이동한다.

2) 면접실로 이동하여 10분간 인성면접을 실시한다.

3) 면접이 끝난 후 '면접 후 대기실'에서 오후 조 학생들이 올 때까지 대기한다.

2. 면접 내용

1) 공통 문항

– 고등학교 재학 중 소그룹(5명 내외)으로 활동했던 경험 중에서 기억에 남는 일과 자신의 역할에 관해 이야기해 보시오.

– 교과 관련 학업 이외에 어떤 일에 몰두한 경험에 관해 이야기해 보시오.

2) 개별 문항

– 지원 동기가 무엇인가?

– 연세대학교에 오고 싶은 이유는 무엇인가?

– 학교생활 중 의미 있는 활동은 무엇이었나?

– 만일 대학에서 과제를 하는데 협조를 잘 하지 않는 친구가 있다면 어떻게 할 것인가?

– 학년장이 무엇이고 무슨 일을 했는가?

– 마지막으로 하고 싶은 말이 있으면 해 보시오.

3. Tip

서류평가는 학생부 비교과, 자기소개서, 추천서를 활용하여 종합적으로 평가가 이루어진다. 비교과 영역은 학생부에 기록되어 있는 내용만 평가에 반영하며, 증빙자료 및 기타 서류를 제출할 수 없으므로 생활기록부와 자기소개서를 바탕으로 질문이 이루어지고 전공과 관련된 질문은 없다. 따라서 침착하게 자신의 이야기를 해나가면 된다.

33 영남대학교

대학	계열	전형	방식	사례 학부(과)	연도
영남대학교	인문	일반전형	다대일	심리학	2014

1. 시험 방식

1) 입실해서 학업계획서를 30분 동안 작성한다.

2) 면접대기실에서 대기하다가 호명되면 5명씩 면접실 앞에 대기한다.

3) 한 명씩 면접실로 들어가서 5분간 자기소개 및 지원 동기에 대해 말하고, 4개의 봉투 중에 선택한 문항에 대해 답한다.

2. 면접 내용

1) 학업계획서 작성

- 지원학과와 관련한 본인의 노력과 대학에서의 계획, 그리고 역경 극복 사례를 쓰시오.

2) 심층면접

- 자기소개와 지원 동기를 1분 이내에 발표한다.

- 책상에 올려진 봉투 4개 중 2개를 선택해서 열어 보고 그중 하나에 대해 답한다.
  - 다른 사람이 옆에 있을 때 영향을 받는가?
  - 진화론에 대해 설명하고 인간 심리의 발달이 진화론과 어떤 관련이 있는지 설명해 보시오.

3. Tip

학업계획서는 자기소개서 내용과의 일치 여부를 확인하는 절차이다. 따라서 본인이 직접 자기소개서를 작성했다면 누구나 쉽게 작성할 수 있다. 따라서 자기소개서에 기재된 내용이 무엇인지 확인하고 1분간 발표할 수 있도록 요약해서 준비해야 한다. 지원 동기나 문항지 답변에서 추가 질문이 있으므로 당황하지 말고 침착하게 답하도록 한다. 5분간의 짧은 시간 내에 자신의 의견을 피력해야 하므로 전공과 관련된 기초 지식을 충분히 쌓고 면접에 임하는 것이 좋다. 면접관이 학과 교수이므로 대학 학과 홈페이지에서 교수님들의 얼굴을 익히고 가면 심리적인 안정감을 느낄 수 있다.

34 영남대학교

대학	계열	전형	방식	사례 학부(과)	연도
영남대학교	인문	글로벌인재전형	다대일	인문자율전공	2014

1. 시험 방식

1) 고사장에서 인·적성 평가를 40분간 실시한다.

2) 면접대기실에서 제시된 문항을 15분간 숙지한다.

3) 면접실에 입장하여 제시문항에 대한 질문에 답하고, 자기소개서에 있는 내용
   에 대한 질문에 답한다.

2. 면접 내용

1) 인·적성 평가

– 자신의 꿈을 이루기 위해 읽은 책을 소개하고 느낀 점을 서술하시오.

– 하고 싶은 일과 해야 할 일이 많을 때 어떻게 극복하는가? 극복한 사례는 무
   엇인가?

2) 제시문항

– 개미의 동선에 대한 내용을 요약하시오.

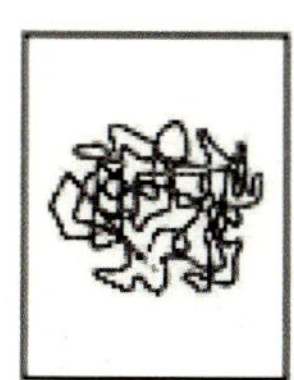

– 플레밍의 전문성과 인성적인 면모 두 가지를 서술하시오.
– 위 내용처럼 자신의 삶에서 비슷한 사례가 있으면 말하고 그 일을 통해 얻은 교훈을 서술하시오.
– 학교에 입학하면 어떠한 삶을 살고 싶은가? 구체적으로 답하시오.
– 이 내용 중 궁금한 게 있으면 질문하시오.

3. Tip

생활기록부나 자기소개서에 있는 내용을 질문하기도 하지만 그것보다는 문항지에 있는 내용을 집중적으로 질문한다. 따라서 자신의 가치관과 미래의 삶에 대해 진지하게 고민하여 자신이 어떤 삶을 살고 싶은지에 대해 생각해야 한다.

35 울산대학교

대학	계열	전형	방식	사례 학부(과)	연도
울산대학교	인문	UOU 프론티어	다대일	경영정보/경영학	2014

1. 시험 방식

1) 면접대기실에서 5분간 문제를 정독하고 생각을 정리해서 면접실로 입장한다.
2) 5개 문항에 대한 답변과 추가 질문에 답한다.

2. 면접 내용

1) 문항지

〈경영정보학과-예시〉

- 좋아하는 과목과 싫어하는 과목을 각각 2개씩 고르고 이유를 말해 보시오.

- 과도한 사교육이 문제가 되고 있는데 학생, 부모님, 학교의 입장에서 문제점을 말하고 앞으로 사교육이 어떻게 되어야 하는지 말해 보시오.

- 토론할 때 의견을 이끌어 가는 편인가, 다수의 의견을 따라가는 편인가? 그 이유를 말해 보시오.

- 만약 부모님께서 등록금을 대 주시지 못한다면 학업을 계속할 것인가, 그만둘 것인가? 그 이유를 말해 보시오.

- 자신이 한 봉사활동 중 가장 의미 있는 활동은 무엇이며, 그 활동이 삶에 미친 영향에 대해 말해 보시오.

〈경영학과-예시〉

- 자신의 꿈과 전공 교과의 연관성을 말해 보시오.

- 자신의 장점 2가지와 그 이유를 말해 보시오.

- 요즘 온라인 매체의 성장으로 인해 책이 사라질 거라고 이야기하는데 이에 대해 어떻게 생각하는지 말해 보시오.

– 학교에서 솔선수범하여 주위에 영향을 미친 사례를 말해 보시오.

– 봉사활동 의무화에 대해 어떻게 생각하는지 말해 보시오.

2) 추가 질문

– 경영정보학과 4번 문항과 관련해서 학업계획과 진로계획은 어떠한가?

– 경영정보학과 5번 문항과 관련해서 자기소개서에 인상 깊게 읽은 책을 ○○○
으로 했던데 그 이유는 무엇인가?

3. Tip

생활기록부나 자기소개서 내용보다는 제시문항에 대한 질문과 답변으로 진행된
다. 시사적인 문제가 출제된다지만 민감한 문제나 전문적인 지식을 요구하는 문제
가 아닌 가치관과 딜레마 해결 문제가 출제되므로 따로 준비할 필요는 없다. 평소
에 자신의 가치관을 정립하여 면접에 대비하는 것이 중요하다.

36 이화여자대학교

대학	계열	전형	방식	사례 학부(과)	연도
이화여자대학교	인문	미래인재	다대일	경영	2014

1. 시험 방식

1) 면접대기실에서 대기하다가 한 명씩 면접실로 이동한다.

2) 면접실 앞 복도에서 18분간 제시문을 풀고 면접실로 입장한다.

3) 6분간 다양한 질문에 답한다.

2. 면접 내용

1) 문제 A

제시문 (가): 문화 민족주의, 문화 국제주의에 대한 내용 제시
제시문 (나): (가)의 내용과 관련된 사례

- 제시문 (가)를 요약하고, 제시문 (나)의 사례를 들어가며 한계를 지적해 보고
  그것을 해결할 수 있는 방안을 제시하시오.

2) 문제 B

제시문 (가): 교육의 본질적 목적에 대한 내용
제시문 (나): 죄수의 딜레마

- 제시문 (나)를 통한 교훈은 무엇인지 쓰고, 제시문 (가)의 교육의 본질적 목적
  을 고려했을 때 교육의 방향은 무엇인가?

3) 인성면접

- 경영학과에서 경영인에게 필요한 어떤 자질을 가르쳐야 한다고 생각하는가?
- 본인이 리더십을 발휘한 경험에 관해 이야기해 보시오.
- 소통하는 경영인이라고 말했는데 본인이 소통하는 능력을 발휘한 경험이 있는가?

3. Tip

이화여자대학교는 자기소개서나 생활기록부 기재 내용보다는 당일 제시되는 문제를 해결하는 데 면접의 비중이 크다. 이어지는 인성면접도 전공과 관련된 내용을 질문하기 때문에 면접을 위해 따로 공부할 필요는 없다. 평소에 딜레마나 사회적 문제에 대해 자신의 가치관을 정립하고 면접 시에 정답보다는 발표하는 자세와 태도를 중요시하므로 이에 신경 쓰면서 자신감 있게 답하는 것이 중요하다.

37 이화여자대학교

대학	계열	전형	방식	사례 학부(과)	연도
이화여자대학교	인문	이화사정관	다대일	사회과학부	2013

1. 시험 방식

1) 대기실에 대기하다가 순서대로 면접 준비실로 이동한다.

2) 복도에 마련된 면접 준비실에서 18분간 3개의 제시문에 대한 답변을 준비한다.

3) 면접실로 이동하여 제시문에 대해 답하고 추가 인성면접에 답한다.

2. 면접 내용

1) 제시문

- 우리나라 말에서 존칭어와 우리나라 문화 간의 상관관계 3가지를 말하고 근거를 이야기해 보시오.
- 다른 문화를 수용할 때 바람직한 태도와 근거가 되는 사례를 이야기해 보시오.
- 조선중화주의에 대한 내용을 요약하고, 배경과 기능을 설명해 보시오.

2) 인성면접

- 자신의 인성, 성격 등 전반적인 것을 나타낼 수 있는 사례에 관해 이야기해 보시오.

3. Tip

인성면접은 시간이 남으면 진행되기 때문에 제시문 해석을 통한 답변이 면접의 핵심이다. 18분이라는 시간이 주어지지만 제시문 3개에 대한 답을 준비해야 하므로 결코 긴 시간이 아니다. 따라서 주어진 시간 내에 문제를 정확하게 파악하고 해석하는 능력이 필요하다. 인성면접의 경우 자기소개서 내용을 바탕으로 충분히 답변할 수 있으므로 지원학과나 전공에 관한 내용을 따로 준비할 필요는 없다. 평소에 자신의 의견을 조리 있게 발표할 수 있는 능력을 길러야 한다.

38 중앙대학교

대학	계열	전형	방식	사례 학부(과)	연도
중앙대학교	인문	다빈치	다대일	경영경제/교육학과	2014

1. 시험 방식

1) 면접대기실에서 대기하다가 한 명씩 면접실에 입장한다.

2) 15분간 다양한 질문에 답한다.

2. 면접 내용

1) 자기소개서와 생활기록부를 바탕으로 다양한 질문을 한다.

〈교육학과—예시〉

– 언제 도착했나? 어제 왔으면 잠은 어디에서 잤나?

– 자기소개서에 ○○○ 내용이 있는데 교육학적으로 왜 그런 일이 생겼다고 생각하는가?

– 어떤 쪽으로 진로를 정하고 싶은가?

– 수업 프로그램에 대해 말했는데 예를 들면 어떤 것이 있는가?

– 자기소개서에 과제연구발표대회라는 대회가 있는데 자세히 설명해 보시오.

– 교직 적성검사에서 '가끔 충동적으로 결정을 내릴 때가 있다'고 했는데, 예를 들면 어떤 경우인가?

2) 사범대의 경우 면접 전에 교직 적성검사를 한다.

3. Tip

인성면접과 포트폴리오에 대한 확인을 위한 목적이므로 시사적인 문제와 전공에 대해 심화된 내용을 따로 공부할 필요는 없다. 질문 대부분이 자기소개서와 생활기록부에 있는 내용을 바탕으로 이루어지기 때문에 긴장하지 않고 자신감 있게 면접에 임하는 태도가 중요하다. 하지만 자기소개서와 생활기록부를 바탕으로 전공과 관련된 변형된 질문이 나올 수 있으므로 학과에 대한 정보와 자기소개서 내용과 자신이 제출한 포트폴리오의 내용 중에서 전공과 관련된 내용은 따로 정리하는 것이 좋다. 당황스러운 질문이 나오더라도 침착하게 자기 생각을 이야기하면 된다.

39 한국교원대학교

대학	계열	전형	방식	사례 학부(과)	연도
한국교원대학교	인문	청람인재 교직적성우수자	다대일	불어교육과/ 지리교육과/ 윤리교육과	2014

1. 시험 방식

1) 면접대기실에서 대기하다가 면접 준비실에서 10분간 제시되는 문제에 대해 생각하고 면접실로 입장한다.

2) 면접실에서 7명의 면접관 앞에서 10분간 문제에 대한 답과 개별 질문에 답한다.

2. 면접 내용

〈불어교육과〉

– 세계화가 진행됨에 따른 초 · 중등학교에서 외국어 교육의 필요성과 방향에 대해 구술하시오.

– 개별문항

- 여기에 적힌 불어를 해석할 수 있겠는가?

- 불어로 할 줄 아는 말이 있는가? 준비해 온 것이 있으면 말해 보시오.

- 학교에서 제2외국어로 무엇을 배웠나? 중국어를 배웠다면 중국말로 할 수 있는 말을 해 보시오.

- 여기 말고 다른 곳은 어디에 지원했는가?

- 둘 다 합격할 경우 여기에 올 것인가?

〈지리교육과〉

– 제시문 '용인시의 경진칠과 김해의 경전철, 태백시의 카시노 선설 후 지역 경기에 미친 영향에 대한 내용으로 경제적 파탄, 예산 낭비, 사용 저조 등에 대한 내용'

- 주어신 제시분의 상황을 요점 정리하고 해결 방안을 제시하시오.

– 개별문항

- 수업 시간에 산만한 아이들을 어떻게 가르칠 것인가?

- 이 과에 지원한 이유는 무엇인가?

- 마지막으로 하고 싶은 말이 있으면 해 보시오.

〈윤리교육과〉

– 개인의 자질과 능력이 달라 불평등이 존재한다. 그리고 이는 사회적 차원에서도 적용된다. 이를 해결하려는 방안 중에서 어떤 것이 정의로운지 알고 있는 사상가를 인용하여 논하시오.

– 개별문항

- 성장과 복지 중 무엇이 중요하다고 생각하는지 이야기해 보시오.

- 생활기록부에 ○ ○ ○ 캠프 참가라고 적혀있는데 무엇인지 이야기해 보시오.

- 다른 학교는 어디에 지원했는가?
- 인문학과 윤리의 관계는 무엇인가?
- 윤리를 선택한 이유가 무엇인가? 윤리의 특색이 뭐라고 생각하는가?
- 수능 성적은 어떠한가?

3. Tip

제시문에 대한 답변 시간이 길수록 개인 면접 시간은 짧아진다. 지원학과에서 출제한 문제는 전공과 관련된 질문이 나오므로 이에 대한 대비가 필요하다. 불어교육과의 경우 불어 지문 해석 문제를 물어보고 윤리교육과에서는 철학 사상가에 대해 묻는 것으로 봐서 지원학과와 관련된 지식이 필요하다. 전공과 관련된 다양한 지식을 평소에 기본 소양으로 쌓아 두면 좋다.

40 한국외국어대학교

대학	계열	전형	방식	사례 학부(과)	연도
한국외국어대학교	인문	글로벌인재	다대일	스페인통번역	2014

1. 시험 방식

1) 면접대기실에서 대기하다가 한 명씩 면접실에 입장한다.

2) 10분간 다양한 질문에 답한다.

2. 면접 내용

- 스페인어를 어떻게 접하게 되었나?
- 공부는 어떤 방식으로 했는가?
- 마지막으로 30초간 하고 싶은 이야기를 해 보시오.

3. Tip

한국외국어대학교에서는 모든 과에서 자기소개를 하지 않기로 했다. 따라서 외국어과에 지원하는 학생들이 외국어로 자기소개를 준비할 필요는 없다. 10분간의 짧은 시간 동안 면접이 이루어지기 때문에 심화된 문제나 시사적인 내용을 질문하지 않는다. 따라서 간단하게 자기소개서의 내용과 생활기록부의 내용을 바탕으로 준비하면 된다. 30초간 하고 싶은 이야기를 할 때 자기소개를 하거나 자신을 뽑아야 하는 이유에 대해 준비해 가면 좋을 듯하다.

 한국해양대학교

대학	계열	전형	방식	사례 학부(과)	연도
한국해양대학교	자연	해양아치	다대일	국제통상학/ 동아시아학	2014

1. 시험 방식

1) 면접대기실에서 대기하다가 호명하면 면접실로 이동한다.

2) 15~30분간 면접관의 질문에 답한다.

2. 면접 내용

〈국제통상학과〉

– 국제통상학과에 지원한 이유는 무엇인가?

– 동아리에서 어떤 활동을 하였나?

– 성장 과정에서의 어려움은 어떻게 극복했는가?

– 국제통상학과에 입학하면 무엇을 할 것인가?

– 개인 봉사활동이 없는 이유가 무엇인가?

〈동아시아학과〉

– 동아시아학과가 무엇을 배우는 학과라고 생각하는가?

– 동아시아학과는 다른 학과에 비해 전문적으로 한 분야에 집중할 수 없는 학과이다. 예를 들어, 경영이나 법학, 행정 등 전문적인 지식을 얻을 수는 없는데 이것에 대해 어떻게 생각하는가?

– 어떠한 분야에서 열정을 발휘한 적이 있는가?

– 3년 동안 부모님이 바라시는 장래 희망과 본인이 바라는 장래 희망이 같은데 누구의 의견인가?

3. Tip

학과별로 면접이 이루어지기 때문에 학과에 대한 정보는 필수적이다. 자기소개서에서 학과와 연관된 활동 내용에 대한 정리가 필요하다. 또한 '10년 후에 어떤 사람이 되어 있을까요?'라는 공통 질문에 대한 답변도 미리 준비해야 한다. 면접 때 가장 중요한 것은 자신감이다. 면접실에 들어가면 떨려서 준비해 간 것이 잘 기억나지 않기 때문에 질문 하나하나에 자신감 있게 대답하려고 노력하는 태도가 중요하다. 학교 홈페이지를 통해 학과 정보를 충분히 익히고 학과 커리큘럼이나 진로에 대해 충분히 숙지해야 한다.

42 한양대학교

대학	계열	전형	방식	사례 학부(과)	연도
한양대학교	인문	미래인재	다대일	경영학/경제금융학	2014

1. 시험 방식

1) 면접대기실에서 대기하다가 호명하면 면접실로 이동한다.

2) 면접관들의 질문에 20분간 답한다.

2. 면접 내용

〈경제금융학부〉

– 연구과제 활동을 했는데 어떤 주제의 논문이었는가?

– 고등학생이 어떻게 그런 활동을 하게 되었나?

– 1학년 때 ○○○ 동아리활동을 했는데 어떻게 하게 되었나?

– 동아리활동 중에서 기억에 남는 것을 이야기해 보시오.

– 생활기록부에 전문적인 용어가 많은데 한중 FTA 토론이라고 기록된 내용에
  대해 자세히 이야기해 보시오.

– 자기소개서 3번 항목에 금융위기라고 되어 있는데 서브프라임 모기지 사태가
  일어난 이유가 무엇인가?

– 내신 성적은 어떤가?

– 마지막으로 하고 싶은 말이 있으면 해 보시오.

〈경영학부〉

– 경영학과에 지원한 계기가 무엇인가?

– 장래 희망이 ○○○이라고 했는데 맞는가?

– 반장은 왜 하게 되었나?

– 자기소개서에 쓴 점자책 만들기 활동의 동기와 미친 영향은 무엇인가?

- 동아리에서는 구체적으로 어떤 활동을 했는가?

- 알고 있는 경제 상식 용어가 있다면 설명해 보시오.

- 마지막으로 하고 싶은 말이 있으면 해 보시오.

3. Tip

질문은 생활기록부와 자기소개서를 기준으로 질문한다. 학과와 관련된 자기소개서 내용을 바탕으로 추가적인 질문이 이어지므로 자신의 장래 희망과 학과와의 연관성에 대해 미리 공부해야 한다. 자기소개서에 기록한 내용이 실제로 한 내용이 맞는지, 의미 있는 활동인지를 파악하는 경향이 많으므로 자기소개서를 작성할 때 진실성이 드러나게 작성해야 한다. 어려운 용어를 자기소개서에 썼다면 이에 대한 예상 질문에 대비할 필요가 있다.

연번	대학	전형	연번	대학	전형
1	건양대학교	일반전형	27	서울대학교	지역균형
2	경북대학교	KNU 인재	28	서울대학교	지역균형
3	경상대학교	개척인재	29	서울대학교	일반전형
4	경희대학교	네오르네상스	30	서울시립대학교	입학사정관제
5	국민대학교	국민프런티어	31	서울여자대학교	바롬 플러스 인재
6	고려대학교	일반전형	32	성신여자대학교	성신체인지
7	공주대학교	잠재력 학생 우수자	33	세종대학교	창의인재
8	광운대학교	IT미래인재	34	숙명여자대학교	자기추천자
9	단국대학교	BT 인재전형	35	숙명여자대학교	자기주도학습우수자 리더십 전형
10	대구가톨릭 대학교	사랑, 봉사, 창의	36	숭실대학교	SSU 미래인재
11	대구대학교	일반전형	37	아주대학교	아주ACE
12	대구대학교	DU 자기추천자	38	아주대학교	일반전형
13	대구대학교	입학사정관제	39	연세대학교	창의인재전형
14	덕성여자대학교	일반전형	40	연세대학교	학교생활우수자
15	동국대학교	DU ACTIVE	41	울산과학기술대학 교(UNIST)	지역고교출신자 탐구역량우수자 학업역량우수자
16	동덕여자대학교	일반전형	42	원광대학교	일반전형
17	동아대학교	인문계고교	43	이화여자대학교	미래인재
18	동아대학교	자기추천자	44	인제대학교	자기추천
19	동국대학교(경주)	BEST인재	45	중앙대학교	다빈치
20	부경대학교	PKNU	46	한국교원대학교	교직적성우수자
21	부산가톨릭대학교	자기추천	47	한국해양대학교	해양아치
22	부산대학교(밀양)	고교생활우수자	48	한양대학교	미래인재, 재능우수자
23	부산대학교	고교생활우수자	49	KAIST	학교장 추천 일반전형
24	삼육대학교	SDA 특별전형	50	POSTECH	일반전형
25	서울과학기술 대학교	DREAM 자기추천	51	POSTECH	창의IT 인재전형
26	서울대학교	일반전형	52	DGIST	미래면접

1 건양대학교

대학	계열	전형	방식	사례 학부(과)	연도
건양대학교	자연	일반전형	다대일	의예과	2014

1. 시험 방식

1) 학업능력평가와 인·적성평가를 각각 10분씩 치르게 되고 방마다 면접관 3명 씩이 있다.

2) 면접대기실에서 의료 파업과 관련된 제시문 2개를 접하는데, 하나는 의료파 업의 정당성을 뒷받침하는 내용이고, 다른 하나는 파업 결과 부정적 영향을 다루는 내용이다. 자신의 주장과 근거를 10분간 준비 및 연습을 하고 면접실 로 들어간다.

2. 면접 내용

1) 학업능력평가

– 의료파업에 대한 자신의 의견을 말해 보시오.

– 파업의 불편함을 해소할 수 있는 구체적인 방법에는 무엇이 있겠는가?

– 파업을 미연에 방지할 방안은 없는가?

2) 인·적성평가

– 의대생이 되었을 때 Leader가 되고 싶은가, Follower가 되고 싶은가?

– 지금까지 살면서 겪었던 갈등과 그것을 어떻게 해결했는지 말해 보시오.

– 건양대 의대를 지원한 이유는 무엇인가?

– 1분 정도 남았는데 마지막으로 하고 싶은 말이 있는가?

3. Tip

이슈가 되는 의료 정책, 사고, 법안 등에 대해서 학생의 의견을 묻는 문항이 출제되었다. 의사가 되면 고민하고 생각해야 할 것에 대해 학생이 그러한 의식을 가졌는지를 평가하고 있는 것이라 생각된다. 평소 의료 관련 이슈에 관심을 갖고 정보를 습득하며 대립하는 두 주장에 대해선 자신의 주장을 확립하고 근거를 마련하는 연습을 반복해서 할 필요가 있을 것이다.

2 경북대학교

대학	계열	전형	방식	사례 학부(과)	연도
경북대학교	자연	KNU 인재	다대일	의류학	2013

1. 시험 방식

1) 대기실에서 대기하다가 호명되면 면접실로 입장한다.

2) 면접실에서 다양한 질문에 답한다.

2. 면접 내용

- '나의 꿈, 나의 도전'이라는 주제로 2분 동안 스피치 하기
- SPA 매장의 장단점을 말해 보시오.
- 어떤 특정 종목의 스포츠 웨어를 내가 만든다면 어떻게 만들 것인가?
- 마지막으로 할 말은 무엇인가?

3. Tip

2분 스피치한 내용을 바탕으로 많은 질문을 한다. 따라서 2분 스피치를 할 때 질문을 고려해서 하도록 하고 추가 질문에 대한 답변은 침착하게 자신의 이야기를 하면 된다. 학과와 관련된 내용과 전공에 대해 공부해야 하고, 평범한 대답보다는 독창적인 답을 원하기 때문에 너무 판에 박힌 듯한 답변보다는 자신만의 개성을 나타낼 수 있는 발표가 될 수 있도록 한다.

3 경상대학교

대학	계열	전형	방식	사례 학부(과)	연도
경상대학교	자연	개척인재	다대일	건축공학	2014

1. 시험 방식

1) 면접대기실에서 대기하다가 한 명씩 면접실에 입장한다.

2) 책상 앞에 놓인 주제를 뒤집어 읽고 바로 주제에 대해 발표한다.

3) 자기소개서와 생활기록부의 기재 내용을 바탕으로 질문하고 답한다.

2. 면접 내용

1) 주제 발표

– 건축학과 예시: 건축이 인간에게 미치는 영향에 대해 설명해 보시오.

2) 자기소개서와 생활기록부 관련 질문

– 지원 동기는 무엇인가?

– 학생부에 꿈이 바뀌었는데 그 이유는 무엇인가?

– 동아리에서 자신이 한 역할에 관해 이야기해 보시오.

– 건축사가 되는 과정을 알고 있는 대로 이야기해 보시오.

– 성적 관리는 어떻게 했는가?

– 마지막으로 하고 싶은 말이 있으면 해 보시오.

3. Tip

주제 발표는 학과와 관련된 주제가 출제되므로 전공과 관련된 다양한 기본 상식을 공부해야 한다. 주제 발표 이외의 자기소개서와 생활기록부 관련 질문에는 당황하지 말고 자신이 경험했던 바를 떠올리면서 침착하게 대답하는 것이 중요하다. 대부분의 다대일 전형이 그렇듯이 전형 자체만으로도 압박감이 심하므로 이를 극복할 수 있도록 자신감을 가지고 면접에 임하는 태도가 필요하다.

4 경희대학교

대학	계열	전형	방식	시례 힉부(과)	언노
경희대학교	인문	네오르네상스	다대일	식품영양학	2013

1. 시험 방식

1) 면접대기실에서 대기하다가 한 명씩 면접실에 입장한다.

2) 인성면접을 8분간 진행한다.

3) 제시문 두 개 중에 하나를 선택해서 학업적성면접 발표를 25분 동안 준비한다.

4) 제시문에 대해 8분간 발표하고 추가 질문을 한다.

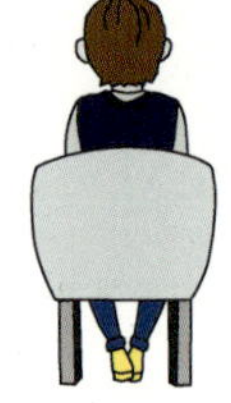

2. 면접 내용

1) 인성면접

– 네오르네상스 과학인재전형에서 과학인재의 의미를 아는가?

– 고등학교 자랑을 해 보시오

– 과학 동아리활동이 식품영양학과랑 어떤 상관이 있는가?

– 친구들 사이에서 본인의 별명은 무엇인가?

– 생활기록부를 보면 1, 2학년 때의 꿈이 생명과학자, 생명공학자인데 3학년 때 왜 꿈이 바뀌었나?

– 보통은 1, 2학년 때 동아리활동, 봉사활동을 많이 하고 3학년 때는 잘 하지 않는데, 3학년 때까지 봉사활동을 열심히 한 이유는 무엇인가?

2) 학업적성 면접

– 1번 문항: 〈제시문 1〉에는 인간 신경전달 과정, 〈제시문 2〉에서는 컴퓨터 정보전달 과정

  • 인간과 컴퓨터의 정보 전달 체계의 공통점과 차이점은 무엇인가?

  • ○○○하려면 유수신경이 좋을까, 무수신경이 좋을까? 그 이유는 무엇인가?

– 2번 문항: 〈제시문〉 물리에서 진동수와 속력, 빛, 파장 등에 대한 내용과 그래프 제시

- 이런 방법으로 우주가 팽창하는지 어떻게 확인하는가?

- 유체속력 측정법이 어디에 활용될 수 있는가?

- 속력에 따라 진동수가 어떻게 변할까? 왜 그럴까? 어디에 적용할 수 있는가?

3. Tip

인성면접의 경우에는 자기소개서를 바탕으로 일반적인 질문을 한다. 자기소개서 내용이 중심이기 때문에 긴장하지 않고 답하면 된다. 학업적성 면접 제시문의 경우에는 25분간 준비한 내용을 8분 동안 발표하는데 발표내용을 중심으로 추가 질문이 대여섯 개 정도 이어진다. 자기소개서에서는 전공과 관련된 내용도 질문할 수 있으므로 학과와 관련된 지식을 쌓아 두는 것도 좋다. 1차 합격자 발표 후에 열흘 정도의 시간이 주어지므로 예상 문제를 뽑아서 실전처럼 연습해 보는 것이 좋다. 학업적성 면접 제시문은 따로 공부할 필요는 없고, 과학과목을 개념 위주로 공부하면 된다. 논술전형은 아니지만 제시문을 읽고 답하는 과정은 논술을 준비하는 과정과 유사하므로 경희대학교 입학처 홈페이지의 논술 기출문제를 참고해서 공부하는 것도 도움이 된다.

5 국민대학교

대학	계열	전형	방식	사례 학부(과)	연도
국민대학교	자연	국민프런티어	다대일	신소재공학	2013

1. 시험 방식

1) 대기실에 대기하다가 문제 열람실로 이동하여 10분간 문제를 열람한다.

2) 교과면접실로 이동하여 10분간 문제에 대한 질문과 학과 전공적합성에 대한 질문에 답한다.

3) 인성면접실로 옮겨 자기소개서를 바탕으로 인성면접을 10분간 실시한다.

2. 면접 내용

1) 교과면접

– 아래 표를 보고 질문에 답하시오.

	성공확률	이득
A	10%	10배
B	50%	2배

- 100만 원을 투자하려고 한다. 기대 이익을 최대치로 하려면 어디에 투자해야 할까?

– 수식으로 풀어 보시오.

– 이 학과에 지원한 동기를 말해 보시오.

2) 인성면접

– 성장 과정에 관해 이야기해 보시오.

– 리더십을 발휘한 경험에 관해 이야기해 보시오.

– 왜 하필 국민대학교여야 하는가?

– 3학년 때 성적이 많이 오른 이유는 무엇인가?

3. Tip

인성면접은 자기소개서에 있는 내용에 대한 확인을 위한 것으로 자기소개서를 진솔하게 작성했다면 어렵지 않게 답할 수 있다. 교과면접은 문제에 대해 설명을 하면서 면접관의 추가 질문을 받기 때문에 순발력이 필요하다. 하지만 잘못된 방향으로 답을 하면 면접관이 바로잡아주기 때문에 면접관의 의도를 잘 파악해서 제시문에 대한 답을 하는 것이 좋다. 교과면접과 인성면접이 각각 10분씩 이루어지지만, 체감 시간은 매우 짧게 느껴지기 때문에 주어진 시간에 최선을 다해 답하는 자세가 필요하다.

6 고려대학교

대학	계열	전형	방식	사례 학부(과)	연도
고려대학교	자연	일반전형	다대일	사범대	2014

1. 시험 방식

1) 면접대기실에서 대기하다가 호명하면 면접실로 이동한다.

2) 제시된 두 문제 중 한 문제를 택하고 그에 대한 답변을 면접관에게 이야기한다.

2. 면접 내용

- 김 선생님은 창의적인 수업을 하길 원하는데 학생들은 입시 위주의 교육을 원한다. 당신이 김 선생님이라면 어떻게 하겠는가?
- A, B, C, D 학생이 조별 과제를 했는데 A, B, C 학생이 찾아와서 D 학생은 참여를 거의 안 했다고 한다. 당신이 교사라면 D 학생에게 같은 점수를 줄 것인가, 아니면 D 학생에게만 낮은 점수를 줄 것인가?

3. Tip

사범대학교 학생들을 대상으로 면접 질문을 하다 보니 일선 학교에서 있을 수 있는 문제에 대해 묻고 있다. 자신이 대답하기 수월한 내용을 선정하여 자기 생각을 먼저 이야기하고 그에 대해 뒷받침할 수 있는 근거를 제시하는 형식으로 답변할 수 있을 것이다. 학생의 입장에서 교사의 입장으로 바뀌어 문제 상황을 해결하느니만큼 쉬운 일은 아니다. 학교에서 겪었던 비슷한 상황을 상기해 보고 그때 선생님은 어떻게 처리하셨는지 또는 내가 그때 교사였다면 어떻게 했을까를 생각해 보는 것도 위 유형의 면접에 대처하는 방법이 될 것이다.

7 공주대학교

대학	계열	전형	방식	사례 학부(과)	연도
공주대학교	자연	잠재력 학생 우수자	다대일	의류상품학	2013

1. 시험 방식

1) 대기실에 대기하고 있다가 한 명씩 면접실로 입장한다.

2) 자리 위에 놓인 문제지를 읽어 보고 발표한다.

3) 면접관이 읽어 주는 내용에 대한 질문에 답한다.

2. 면접 내용

1) 문제지

– 지원 동기를 꿈과 관련지어 이야기해 보시오.

– 자신의 장단점에 대해 말해 보시오.

– 이 분야에서 흥미 있는 활동에 관해 이야기해 보시오.

2) 구술면접

– 현대사회를 대표하는 의복은 무엇인가?

– 미래에는 어떤 의생활이 이루어질 것으로 예상하는가?

– 한국 브랜드보다 해외 브랜드를 선호하는 이유는 무엇인가?

– 한국 브랜드의 이러한 문제점을 어떻게 해결해야 하나?

– 알고 있는 한국 디자이너에 관해 이야기해 보시오.

– 마지막으로 할 말이 있으면 해 보시오.

3. Tip

구술면접에서는 학과에서 준비한 동일한 문제를 면접관이 읽어 주고 답을 요구한다. 따라서 면접관이 읽어 주는 제시문과 질문을 잘 듣고 바로 답변을 준비해야한다. 위 사례에서 볼 수 있듯이 질문 대부분이 학과나 전공적합성에 대한 것이다.

따라서 자기소개서에 전공과 관련된 내용을 기술한 것이나 생활기록부에 기재된 내용 중에서 전공과 연관성이 있는 내용을 바탕으로 답을 하는 것이 좋다. 학과와 관련된 내용은 관련 기사나 학과 홈페이지를 통해 정보를 얻고 평소에 관심을 가지는 것이 중요하다.

8 광운대학교

대학	계열	전형	방식	사례 학부(과)	연도
광운대학교	자연	IT미래인재	다대일	컴퓨터소프트웨어	2014

1. 시험 방식

1) 면접대기실에서 대기하다가 한 명씩 면접실에 입장한다.

2) 인성면접을 8분간 진행한다.

3) 개인역량평가실로 이동하여 문제를 8분간 확인한다.

4) 면접실로 이동하여 문제에 대한 답과 추가 질문에 대해 답한다.

2. 면접 내용

1) 인성면접

− 자기소개를 해 보시오.

− 봉사시간이 많은데 봉사가 중요하다고 생각하는가?

− 그 학교는 그 지역에서 몇 번째로 공부를 잘하는가?

− 꿈이 약사였다가 바뀐 이유는 무엇인가?

− 사람 백신과 컴퓨터 백신의 차이점은 무엇인가?

− 마지막으로 할 말을 해 보시오.

2) 개인역량평가문제

− 아래 표처럼 증가하는 세포가 있다. 아래 질문에 답하시오.

Y	0	1	2	3	4	5
X	1	2	4	8	16	32

- 위 표를 표현하는 식을 쓰시오.
- 순간속도와 Y, s의 관계식을 쓰시오.
- 실생활에서 위 표처럼 증가하거나 감소하는 예를 말하시오.

− 최종 목표는 무엇인가?

− 성격은 어떠한가?

− 2학년 때 상대적으로 성적이 떨어졌는데 그 이유는 무엇인가?

− 컴퓨터를 다루었던 경험이 있는가?

3. Tip

개인역량평가 이외의 질문은 대부분 자기소개서를 바탕으로 질문하므로 제출한 자기소개서의 내용을 완벽하게 숙지해야 한다. 개인역량평가 문제는 필기는 허용되지 않고 눈으로만 풀고 발표해야 한다. 발표 시간이 많이 남을 경우 추가적인 질문이 많으므로 최대한 자세하게 발표한다.

단국대학교

대학	계열	전형	방식	사례 학부(과)	연도
단국대학교	자연	BT 인재전형	Lab 면접 다대일	생명과학부	2013

1. 시험 방식

1) 대기실에서 면접 유의사항을 듣고 6명씩 한 조는 Lab 면접실, 또 한 조는 심층면접실로 이동한다.

2) 사전에 공지된 Lab 실습 면접을 10분간 준비하고, 50분간 실험해서 보고서를 제출한다.

3) 한 명씩 심층면접실로 이동하여 전공적합성에 대해 8분간 면접을 보고, 인·적성면접을 7분간 실시한다.

2. 면접 내용

1) Lab 면접

〈주제〉 애벌레 해부를 통한 영양소 검출

- 애벌레를 해부해서 소화관과 피부 이외의 나머지 조직을 분리한다.
- 위에서 채집한 것들에 시약 (가), (나), (다)를 넣고 색깔 변화를 관찰해서 영양소를 검출한다.

2) 심층면접

〈전공적합성 평가〉

- 나중에 이 학과를 나와서 무엇을 하고 싶은가?
- 학교에선 어떤 과목을 배웠는가?
- 유전자 재조합이란 무엇인가?
- 지원 동기는 무엇인가?

〈인 · 적성 평가〉

- 봉사활동은 많이 했는가? 활동 중에서 어려운 점은 무엇인가?
- 본인은 성실하다고 생각하는가? 어떻게 알 수 있는가?
- 왕따에 대해서 어떻게 생각하는가?

3. Tip

Lab 면접은 면접이 이루어지기 일주일 전에 주제가 공시된다. 주제가 공지되면 학교 담당 선생님께 조언을 구해야 한다. 해부 실험이라면 생물 선생님에게 Lab 면접 공지문을 가지고 가면 어떤 내용의 실험이 나올지, 어떤 실험기구를 어떻게 사용해야 할지, 실험보고서는 어떻게 작성하는지를 알려 주신다. 그리고 일반 인문계 고등학교 학생들은 실험 기구 사용에 익숙하지 않으므로 예상되는 실험을 꼭 한 번 해 보고 가면 도움이 된다. 전공적합성 평가는 학과에 대한 정보를 학과 홈페이지를 방문하여 따로 공부하여야 한다. 그리고 기본적인 전공 용어 정도는 알고 가는 것이 좋다. 생활기록부에 기재된 내용은 많이 물어보지 않지만, 자기소개서에 기재된 내용은 인 · 적성 평가 준비를 위해 꼭 필요하다. 하지만 어려운 내용이 아니라 자신이 기재한 내용에 관해서 확인 수준으로 물어보기 때문에 자기소개서는 진솔하게 기재하고 기재된 내용에 대해서는 충분히 숙지해야 한다.

10 대구가톨릭대학교

대학	계열	전형	방식	사례 학부(과)	연도
대구가톨릭대학교	자연	사랑, 봉사, 창의	다대일	산업보건	2014

1. 시험 방식

1) 면접대기실에서 대기하다가 한 명씩 면접실에 입장한다.

2) 15분간 다양한 질문에 답한다.

2. 면접 내용

– 지원 동기는 무엇인가?

– 원자력이 꼭 필요한가?

– 대한산업보건협회에 대해 말해 보시오.

– 대학교에 오면 어떤 공부를 하고 싶은가?

– 동아리 발표대회 상이 무엇인가?

– 마지막으로 하고 싶은 말은 무엇인가?

3. Tip

자기소개서와 생활기록부를 중심으로 질문하므로 학생부 서류를 바탕으로 준비한다. 일반적인 질문이 대부분이지만 자기소개서에 학과나 전공 관련 내용을 기재했다면 이에 대한 기본적인 지식을 가지고 면접에 임해야 한다. 다른 대학의 경우 면접관과 지원자 사이에 거리가 좀 있지만, 대구가톨릭대학의 경우 면접관과 지원자의 거리가 아주 가까우므로 긴장하지 말고 질문에 대해 핵심적인 내용 위주로 답한다.

11 대구대학교

대학	계열	전형	방식	사례 학부(과)	연도
대구대학교	자연	일반전형	다대다	과학, 수학교육학부/ 식품영양/재활과학/ 회학공학	2014

1. 시험 방식

1) 면접대기실에 대기하고 있다가 안내에 따라 3명씩 면접실로 들어간다.
2) 공통적인 질문은 학생들에게 번갈아 가면서 한다.

2. 면접 내용

1) 오전반

- 대학 과정 중 제일 중요하다고 생각하는 것은 무엇이고, 그것을 이루기 위해
  자신이 노력해야 할 점은 무엇인가?
- 미래에는 부자들만이 신선한 채소와 과일을 먹을 수 있다고 한다. 그 이유를
  말해 보시오.
- 일본 원자력 폭발로 인한 오염수로 인해 주변 국가들이 어떠한 피해를 보고
  있는지 말해 보시오.

2) 오후반

- 20년 후의 자신의 모습을 말하고 이것을 이루려면 대학생활을 어떻게 할 것인가?
- 1인 가구가 증가하는 원인이 무엇이라 생각하는가?
- 학교 폭력을 예방하기 위해 체육 활동이 강화되고 있다. 장단점은 무엇인가?

3) 추가 질문-수학교육

- 1+1=2인데 1+1=1이라면 그 이유는?

3. Tip

인문계열과 1, 2번 문항은 동일하지만 3번 문항의 경우 학부 단위별로 다른 문제가 출제되고 이는 학부와 연관성이 있는 문제로 출제된다. 다대다 전형이라 면접관들이 학생들의 답변에 대한 추가 질문이 없으므로 자신의 의견을 긴장하지 않고 또박또박 발표하면 된다.

12 대구대학교

대학	계열	전형	방식	사례 학부(과)	연도
대구대학교	자연	DU 자기추천자	다대일	과학교육학부/ 수학교육학부	2014

1. 시험 방식

1) 면접대기실에 대기하고 있다가 면접실로 들어간다.

2) 전공과 시사문제가 놓여 있는 책상에서 2문제를 읽고 이에 대해 답하고, 자기소개서에 기재된 내용에 대한 질문에 답한다.

3) 추가적인 질문이 있으면 답한다.

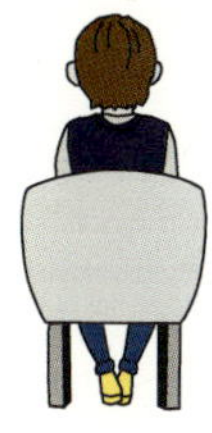

2. 면접 내용

1) 자기소개서 관련 질문에서는 지원 동기와 자기소개서에 기재된 내용에 대해 꼬리에 꼬리를 무는 추가적인 질문을 계속해서 한다.

2) 전공 관련 질문

- 바이러스가 생물인가, 무생물인가?

3) 시사문제

- 국산 자동차 점유율이 떨어지고 있는 원인과 해결 방안에 대해 말해 보시오.

4) 추가 질문

- 수험생의 정서적 안정성

3. Tip

대구대학교 일반전형의 경우에는 공통적인 질문 3개를 형식적으로 물어보는데, 자기추천자 전형의 경우에는 다대일로 인문계열과는 달리 자기소개서에 있는 내용을 집중적으로 물어보지 않는다. 전공 관련 질문의 경우 생물교육 전공은 생명과학 I 수준의 내용을 물어본다. 특별히 심화된 내용이나 생명과학 I 수준의 내용을 묻지 않는 것으로 보아 자기 생각을 얼마나 조리 있게 발표할 수 있는가를 평가하는 면접임을 알 수 있다. 시사적인 문제의 경우에도 전문적인 지식을 물어보는 것이 아니므로 따로 시사적인 문제에 대해 공부할 필요는 없다. 추가 질문은 시간이 남는 조에만 하기도 하고 매번 다르다.

13 대구대학교

대학	계열	전형	방식	사례 학부(과)	연도
대구대학교	자연	입학사정관제	다대일	수학교육학부	2014

1. 시험 방식

1) 면접대기실에서 대기하고 있다가 면접실로 들어간다.

2) 전공과 자기소개서에 대해 질문하고 답한다.

2. 면접 내용

1) 극댓값과 극솟값이 정의될 조건을 말해 보시오.

2) 지난여름 대규모 정전 사태로 인해 피해가 있었는데 원인과 그 대책을 말해 보시오.

3) 수학 축제에 참가했다고 되어 있는데 어디에 갔었고, 기억에 남는 활동은 무엇인지에 대해 말해 보시오.

4) 학급 담임으로서 학급에 수학으로 인해 힘들어하는 아이가 있다면 어떻게 지도할

생각인가?

3. Tip

입학사정관 전형이라 전공 관련 교수가 면접관으로 참여한다. 미리 학과 홈페이지에서 얼굴을 익히고 가면 긴장하지 않고 편안한 마음으로 면접에 임할 수 있다. 일반전형과는 달리 수학Ⅱ나 과학에서도 Ⅱ 과목을 물어볼 수 있기 때문에 이에 대한 대비가 필요하다. 자기소개서와 생활기록부와 관련된 질문도 전공과 관련된 질문을 하기 때문에 지원학과에 대한 사전 지식이 필요하고 이런 활동들 위주로 자기소개서에 기재해야 한다. 다른 전형과 달리 자기소개나 마지막으로 하고 싶은 말과 같은 시간을 주지 않는다.

14 덕성여자대학교

대학	계열	전형	방식	사례 학부(과)	연도
덕성여자대학교	인문	일반전형	다대일	pre–pham Med	2013

1. 시험 방식

1) 면접대기실에서 본인 확인하고 자연계열은 수리 영역에서 1문항이 출제되며, 수험생에게는 각각 1문항이 기재된 문제지 2종("A"형과 "B"형)이 제시되고, 그중에서 한 종류를 선택한다. 10분간 문제에 대해 생각한다.

2) 면접실로 이동하여 제시된 지문을 읽고 10분간 문제가 요구하는 구체적인 답안을 구술하며, 자연계열은 수리 문제를 화이트보드에 풀 수도 있다.

2. 면접 내용

– 이차방정식 $x^2-2(a^2-m)x+m^2=0$에 대해 다음 물음에 답하라. 단, m과 a는 실수이다.

• 이 방정식이 실근을 가지기 위한 m과 a의 조건을 구하라.

• 어떠한 도형들의 넓이들이 같으면 그 도형들이 가지는 확률이 같다고 정의를 하자. 실수 m괴 a를 $0\leq m\leq 2$와 $-2\leq a\leq 2$의 조건에서 선택한다고 할 때, 위 이차 방정식이 실근을 가지게 될 확률을 구하라.

• 위의 결과를 이용하여 임의로 15쌍의 (m, a)를 $0\leq m\leq 2$와 $-2\leq a\leq 2$에서 동일한 조건하에서 독립적으로 선택할 경우에 실근을 가지는 쌍의 수를 x라 할 때 이 확률변수 x의 확률분포를 구체적으로 기술하고, 이 반복실험에서 실근을 가질 수 있는 쌍의 수는 몇 개 정도를 기대할 수 있는지 구하라.

3. Tip

동덕여자대학교 홈페이지에 기출문제가 올라 있으므로 꼭 기출 유형을 파악해야 한다. 하지만 2015년 입시에서는 이 전형이 폐지되므로 각 전형을 잘 살펴보아야 한다. 비록 이 전형이 폐지되더라도 면접 방식은 크게 변하지 않으므로 유형을 잘 파악해야 한다. 문제 수준은 수능 수준으로 어렵지 않게 풀 수 있다.

대학	계열	전형	방식	사례 학부(과)	연도
동국대학교	자연	DU ACTIVE	다대일	멀티미디어공학	2014

1. 시험 방식

1) 대기실에 대기하다가 면접실로 입장한다.

2) 인성과 전공에 대한 질문에 답한다.

2. 면접 내용

– 자기소개와 지원 동기를 이야기해 보시오.

– 멀티미디어과가 어디 대학 소속인지 알고 잇는가?

– 어떤 과목을 좋아하는가?

– 친구가 많은가? 친구와 다투고 나면 어떻게 화해하는가?

– 우리 과는 이러이러한 것을 하는 과인데 알고 있는가?

– 전공 관련 스펙이 있으면 이야기해 보시오.

− 마지막으로 하고 싶은 말이 있으면 해 보시오.

3. Tip

자기소개서를 바탕으로 한 인성면접이라 따로 면접 공부를 할 필요는 없다. 전공에 대한 내용이나 학과 정보를 사전에 충분히 인지해야 하므로 학과 홈페이지를 방문해서 숙지하는 것이 필요하다.

16 동덕여자대학교

대학	계열	전형	방식	사례 학부(과)	연도
동덕여자대학교	자연	일반전형	다대일	응용화학과	2014

1. 시험 방식

1) 면접대기실에서 본인 확인하고 나무젓가락 뽑기를 통해 문제를 추첨한다. 추첨된 문제에 대해 답안 준비 시간이 10분 주어진다. 면접 문항은 기본소양, 영어, 수학능력 및 사고력 등 총 3개의 파트로 구분되어 있다.

2) 면접실로 입장하여 질문에 답한다.

2. 면접 내용

1) 수학능력 및 사고력

– 얼음에 열이 가해졌을 때 영하 20도, 0도, 100도일 때 온도, 열량 그래프를 그리시오.

– 물의 비열과 상태 변화율이 큰 것이 우리에게 끼치는 영향에 대해 설명해 보시오.

2) 영어

– 수학자에 대한 영어 지문 해석

3) 기본 소양

– 같은 엄마와 아빠에서 낳은 아들들이 모두 같은 유전자를 가질 수 있는가?

– 살면서 내가 한 선택을 1회 바꿀 수 있다면 무엇을 바꿀 것이며, 왜 바꾸고 싶은가?

3. Tip

동덕여자대학교 홈페이지에 기출문제가 올라 있으므로 꼭 기출 유형을 파악해야 한다. 하지만 2015년 입시에서는 이 전형이 폐지되므로 각 전형을 잘 살펴보아야 한다. 비록 이 전형이 폐지되더라도 면접 방식은 크게 변하지 않으므로 유형을 잘 파악해야 한다.

17 동아대학교

대학	계열	전형	방식	사례 학부(과)	연도
동아대학교	자연	인문계고교	다대일	간호학	2014

1. 시험 방식

1) 면접대기실에서 대기하다가 호명하면 면접실로 이동한다.

2) 준비실에서 30분간의 시간을 주고 제시된 영어 사고력 문제와 인성문제를 풀이
한 후, 면접관 앞에서 각 5분간 풀이한 내용을 발표하는 형식으로 진행된다.

2. 면접 내용

1) 영어 제시문을 보고 지문 요약하기, 밑줄 친 단어 해석하기, 지문과 관련된 자
   기 생각 정리하기로 구성된다.
– 제시된 지문을 요약해서 적어 보시오.
– 'conjure up'의 의미가 무엇인가?
– 언어에 대한 선입견에 대해 자신의 의견을 말해 보시오.

2) 인성면접
– 사춘기가 있었나? 없었다면 그 이유는 무엇인가?
– 가장 해 보고 싶은 것은 무엇이며, 그 이유는 무엇인가?
– 성장 과정의 경험 중에서 이 학과를 지원하게 된 계기는 무엇인가?

3. Tip

사고력 면접과 인성면접이 분리되어 있다. 면접시간이 5분밖에 안 되기 때문에
사고력 면접실에서는 제시문에 대한 답만 하면 된다. 인성면접실에서도 모든 학생

에게 동일한 질문으로 똑같이 묻는데 질문은 전공과 관련 없는 평이한 질문이므로
따로 준비할 필요는 없다.

18 동아대학교

대학	계열	전형	방식	사례 학부(과)	연도
동아대학교	자연	자기추천자	다대일/ 집단토론	기계공학과/ 산업경영공학	2014

1. 시험 방식

1) 면접실에서 7분간 질문에 답한다.

2) 토론면접실로 이동하여 하나의 주제에 대해 25분간 토론한다.

2. 면접 내용

1) 인성면접

〈기계공학과〉

― 사례 1

- 자기소개와 지원 동기를 말해 보시오.
- 학교생활에서 가장 뜻깊었던 일이 있다면 무엇인가?
- 마지막으로 하고 싶은 말을 해 보시오.

― 사례 2

- 기계공학과를 진학하기 위해 어떤 노력을 해 왔는가?
- 기계공학과란 무엇인가?
- 설계란 무엇인가?
- 기계 공학과의 기본 학문인 수학, 물리 등의 공부는 탄탄히 해 왔는가?
- 생활기록부에 봉사상을 2번 받았다고 되어 있는데 이 상을 받은 계기가 무엇인가?

〈산업경영공학〉

- 산업경영은 무엇이라 생각하는가?

- 본인이 산업경영공학과를 지원하기 위해 무슨 노력을 했는지 피력해 보시오.

- 수학 과목의 미흡한 점을 어떻게 보완할 예정인가?

- 학교생활 중에서 자랑할 만한 일을 말해 보시오.

2) 토론면접

- 최근 일본 후쿠시마 원전의 폭발과 우리나라의 원자력 발전소에 대한 비리 등
  으로 위험이 더욱 커지고 있다. 원자력 발전소 건설에 대한 찬반 의견을 논하
  여 보시오.

3. Tip

인성면접에서는 단순히 인성적인 측면만을 묻는 것이 아니라 자기소개서나 생활기록부에 기재된 전공과 관련된 활동에 대해 묻고 있기 때문에 전공과 활동과의 연계에 대해 생각해 두어야 한다. 자신이 의미를 가지고 노력한 내용이 전공이나 학과와 연계성이 있으면 좋다. 기계공학과의 경우 사례 1과 사례 2에서 동일한 면접관임에도 불구하고 전혀 다른 방식으로 질문이 전개되지만, 사례 1의 질문을 사례 2에서도 묻고 있으므로 공통적으로 대비하면 좋다. 대부분 인성면접은 학과 교수가 면접관으로 참가하는 것으로 보이므로 학과 홈페이지를 방문하여 학과나 전공, 진로에 대해 사전에 공부할 필요가 있다. 토론면접은 자유롭게 진행되기 때문에 자신에게 주어진 시간을 최대한 잘 활용하는 것이 중요하다. 토론 주제는 단과대학별로 다른 것으로 보이므로 따로 대비할 필요는 없다.

19 동국대학교(경주)

조경학과	계열	전형	방식	사례 학부(과)	연도
동국대학교(경주)	자연	BEST인재	다대일	조경학과	2014

1. 시험 방식

1) 대기실에 대기하다가 면접실로 입장한다.

2) 인성과 전공에 대한 질문에 10분간 답한다.

2. 면접 내용

– 조경학과에 지원한 동기가 무엇인가?

– 장래 희망란에 ○○○이라고 되어 있는데 꿈이 바뀐 이유가 무엇인가?

– 조경학과에서 중요하다고 생각되는 과목은 어떤 것이라고 생각하는가?

– 조경학과를 지원하기 위해 학교에서 어떤 활동을 했는가?

– 생기부에 ○○○을 견학했다고 했는데 어떤 곳인가?

– 어떤 분야에서 활동하고 싶은가?

– 이 분야에는 많은 자격증이 있는데 혹시 자격증에 대해 알고 있는 것이 있는가?

– 마지막으로 하고 싶은 말이 있으면 해 보시오.

3. Tip

학과와 전공에 대한 질문이 많다. 따라서 학과 홈페이지를 방문해서 세부적인 커리큘럼이나 세부 전공에 대해 공부를 하고 가야 한다. 생활기록부나 자기소개서에 전공과 관련된 내용을 기재하였다면 각 용어에 대해 정확한 이해를 하고 있어야 한다. 질문 대부분이 전공이나 학과와 관련되어 있지만, 자기소개서와 생활기록부에 기재된 내용에 대해서도 충분히 숙지해야 한다.

20 부경대학교

PKNU	계열	전형	방식	사례 학부(과)	연도
부경대학교	자연	PKNU	다대일	시스템경영공학	2014

1. 시험 방식

1) 면접대기실에서 대기하다가 한 명씩 면접실에 입장한다.

2) 15분간 다양한 질문에 답한다.

2. 면접 내용

– 지금까지의 역경극복 사례를 이야기해 보시오.

– 목표를 두고 그것을 이루거나 실패한 사례에 관해 이야기해 보시오.

– 이 학과와 자신이 가지고 있는 능력과 부합되는 사례에 관해 이야기해 보시오.

– 자신의 잠재력을 나타낼 수 있는 사례를 이야기해 보시오.

– 인상 깊게 읽은 책이나 자신에게 영향을 준 책에 관해 이야기해 보시오.

3. Tip

15분 동안 자기소개서 내용을 바탕으로 질문한다. 자기소개서를 거짓 없이 진솔하게 쓴다면 어렵지 않게 답할 수 있는 내용이다. 사례 위주로 질문하므로 자신의 고교 생활을 돌아볼 수 있도록 생활기록부에 기재된 내용 중에서 역경 극복 사례, 잠재력을 나타낼 수 있는 사례 중심으로 질문에 대한 답을 준비하면 된다.

21 부산가톨릭대학교

대학	계열	전형	방식	사례 학부(과)	연도
부산가톨릭대학교	자연	자기추천	다대다	임상병리	2014

1. 시험 방식

1) 2명씩 한 조가 되어 면접실로 이동한다.

2) 면접실로 이동하여 50분간 자기소개서와 생활기록부에 기재된 내용을 바탕으로 한 질문에 답한다.

2. 면접 내용

– 자신이 자라 온 환경 및 학교생활을 중심으로 자기소개를 해보시오.

– 자기소개서에 기록한 공부 방법에 대해 말해 보시오.

– 봉사시간과 수상경력이 많은 편인데 어떤 봉사활동이 가장 기억에 남고 무엇을 느꼈으며 그로 인해 자신에게 영향을 미친 점은 무엇인가?

– 학원에 다니지 않았다고 했는데 친구들과 노는 것보다 학원에서 성적을 높이는 것이 더 좋다고 생각하지는 않는가?

– 자신의 성적이 마음에 드는가?

– 본인이 좋아하는 과목은 성적이 좋은데, 영어 성적은 좋지 않다. 대학 교재는 대부분 원서인데 어떻게 공부할 것인가?

– 정시로 들어오는 친구들이 수시보다 성적이 월등히 좋은데 왜 대학이 본인을 뽑아야 하는가?

– 장래 직업에 대해 조사를 잘한 것 같다. 하지만 이 직업에 종사하는 숫자가 적은데 어떻게 취직을 할 것인가?

– 혼자 있는 것을 좋아하는가, 누군가와 함께 있는 것을 좋아하는가?

– 인간 존중이라는 단어를 자기소개서에서 사용했는데 어떻게 하는 것이 인간 존중인가?

– 임상병리사의 입장에서 인간 존중에 대해 구체적으로 말해 보시오.

– 오늘 면접을 보면서 후회되고 아쉬운 점은 없는가?

– 마지막으로 하고 싶은 말이 있으면 1~2분 정도로 말해 보시오.

3. Tip

자기추천전형이라 면접시간도 50분이나 되고 많은 질문을 통해 학생을 평가한다. 면접관 중에 한 분은 학과 교수로 주로 전공적합성에 대해 평가하고, 나머지 두 면접관은 자기소개서와 생활기록부에 기재된 내용을 바탕으로 질문한다. 이 대학의 자기추천전형에서는 자기소개서의 기재 내용이 가장 중요하다. 자신에 대해 과장되게 포장하거나 허위 사실을 기재할 경우 50분간의 심층면접을 통해 드러나게 되므로 최대한 사실을 바탕으로 기록해야 한다. 장시간 면접이 진행되기 때문에 일반적으로 예상되는 면접 질문이 모두 반영되는 면접전형의 대표적인 사례이므로 긴장하지 않고 자기 생각을 이야기하는 것이 중요하다.

22 부산·대학교(밀양)

대학	계열	전형	방식	사례 학부(과)	연도
부산대학교(밀양)	자연	고교생활우수자	다대일	바이오환경에너지	2014

1. 시험 방식

1) 대기실에 대기하다가 면접실로 입장한다.

2) 인성과 전공에 대한 질문에 10분간 답한다.

2. 면접 내용

- 이 학과에 지원하게 된 동기는 무엇인가?
- 생활기록부에 에너지 연구원에 다녀왔다고 되어 있는데 그곳에서 무엇을 알게 되었나?
- 생활기록부에 영어 발음이 유창하다고 되어 있는데 특별히 비법이 있는가?
- 교사추천서에 반장을 하면서 갈등이 있었다고 되어 있는데 어떻게 이 문제를 해결하였는가?
- 자기소개서에 적혀 있는 책에서 느낀 점은 무엇인가?
- 봉사활동을 하면서 느낀 점은 무엇이고 어떤 활동들이 기억에 남는가?

3. Tip

자기소개서와 교사추천서, 그리고 생활기록부를 바탕으로 질문이 이루어진다. 자기소개서와 생활기록부의 내용만 충분히 숙지하면 충분히 답을 할 수 있는 질문들이다. 따라서 자신이 기재한 자기소개서와 교사의 추천서에 담긴 내용을 진술하게 답하면 된다.

대학	계열	전형	방식	사례 학부(과)	연도
부산대학교	자연	고교생활우수자	다대일	산업공학과/ 미생물학과/ 식품영양학과	2014

1. 시험 방식

1) 대기실에 대기하다가 면접실로 입장한다.

2) 인성과 전공에 대한 질문에 15분간 답한다.

2. 면접 내용

〈산업공학과〉

– 자기소개서에 의하면 ○○○ 분야로 진출하고 싶어 하는 것 같은데 만약 삼성 전자 같은 기업에 들어가게 되면 산업공학을 어디에 적용할 수 있겠는가?

– 10년 후의 자신의 모습과 그것을 이루기 위해 자신이 해야 할 노력을 이야기 해 보시오.

- 요즘 외국인 노동자가 한국에 많이 들어오는데 이것의 장단점에 대해 말해 보시오.
- 우리나라 사람들이 능력을 발휘해 외국인 노동자가 자리 잡지 못하게 해야 한다고 말하는 것으로 봐서 자기 민족 중심적인 생각을 가지고 있는 것 같은데 이에 대해 어떻게 생각하는가?
- 자기소개서에 봉사활동 시간이 많은데 무슨 봉사활동을 하였는가?
- 수학 성적이 많이 떨어진 것 같은데 이유가 무엇인가?

〈미생물학과〉

- 자기소개서에는 생명과학에 관심이 많아서 책을 많이 읽었다고 했는데 독서 기록에는 인문 분야의 독후감이 많은 것 같은데 이유가 무엇인가?
- 가장 기억에 남는 책에 대해 말해 보시오.
- 봉사활동이 많이 부족한데 이유가 무엇인가?
- 본인이 싫어하는 친구들의 행동은 무엇인가?
- 주변에 싫어하는 행동을 하는 친구가 있다면 어떻게 할 것인가? 직언할 것인가?
- 생활기록부에 진로희망이 자기소개서와 다르게 약사라고 되어 있는데 이유가 무엇인가?
- 연구원의 꿈을 가지게 된 것은 언제쯤인가?
- 미생물 분야에 관심을 가지고 한 일이 무엇인가?
- 미생물 중에서도 어떤 분야에 관심이 있나?
- 생명과학Ⅱ가 1등급이라고 되어 있는데 생명과학에 관심을 가지고 지속적으로 공부한 결과인가?
- 졸업 후 진로에 대해 말해 보시오.
- 마지막으로 하고 싶은 말이 있다면 해 보시오.

〈식품영양학과〉

- 자기소개를 해 보시오.
- 좋아하는 과목과 그 이유에 대해 말해 보시오.
- 화학에서 가장 기억에 남는 단어는 무엇인가?

- 지원 동기에 대해 말해 보시오.

- 봉사활동을 통해 좋게 느낀 점과 안 좋게 느낀 점은 무엇인가?

- 자신의 장단점을 통해 대학 생활에 끼칠 영향에 대해 말해 보시오.

- 가장 기억에 남는 책은 무엇인가?

- 장래 희망을 간호사에서 영양사로 바꾼 이유는 무엇인가?

- 학업계획과 진로계획에 대해 말해 보시오.

- 봉사활동을 통해 배운 점은 무엇인가?

- 대학에 다니면서 하고 싶은 일을 말해 보시오.

- 마지막으로 하고 싶은 말이 있으면 해 보시오.

3. Tip

자기소개서, 교사추천서, 생활기록부를 바탕으로 질문이 이루어진다. 자기소개서와 생활기록부의 내용만 숙지하면 충분히 답을 할 수 있는 질문들이다. 따라서 자신이 기재한 자기소개서와 교사의 추천서에 담긴 내용을 진솔하게 답하면 된다.

24 삼육대학교

대학	계열	전형	방식	사례 학부(과)	연도
삼육대학교	자연	SDA 특별전형	다대일	간호학	2014

1. 시험 방식

1) 면접대기실에서 본인 확인하고 기본소양 A와 B 유형 중 한 개를 선택한다.

2) 면접실로 입장하여 질문에 답한다.

2. 면접 내용

– 지원 동기와 자기소개를 1분 내로 하시오.

– 다음 문항지의 질문에 대한 답을 하시오.

  문항지: 연예병사 제도 해지에 관한 입장

– 암 발생률이 증가하고 있는 원인이 무엇이라고 생각하는가?

– 좋아하는 과목이 무엇인가?

3. Tip

SDA 특별전형이지만 신앙과 관련된 질문은 없고, 기본 소양과 전공 관련 질문만 한다. 따라서 평소에 자신이 지원하는 학과에 대한 정보와 지식을 쌓아 나가는 것이 필요하다.

 # 서울과학기술대학교

대학	계열	전형	방식	사례 학부(과)	연도
서울과학기술 대학교	자연	DREAM 자기추천	다대일	화생명공학	2014

1. 시험 방식

1) 면접대기실에서 대기하다가 한 명씩 면접실에 입장한다.

2) 10분간 다양한 질문에 답한다.

2. 면접 내용

– 학교 자랑을 해 보시오.

– 농도를 모르는 산 용액의 pH를 알 수 있는 방법을 중화반응으로 설명해 보시오.

– 열역학 제1, 2 법칙에 대해 설명해 보시오.

– 이상기체란 무엇인가?

– 이상기체 상태방정식에 관해 이야기해 보시오.

– 이상기체 가정 3가지는 무엇인가?

– 뉴턴의 운동법칙에 관해 이야기해 보시오.

– 원자모형 변원설이란 무엇인가?

– 오비탈이란 무엇인가?

– 오비탈 규칙, 법칙에 관해 이야기해 보시오.

– 생체재료를 생물학적 · 생화학적 측면에서 생체 적합성을 따져 보자면?

– 자기를 추천하는 이유는 무엇인가?

– 중화적정 화학식에 관해 설명해 보시오.

– 엔트로피란 무엇인가?

– 마지막으로 하고 싶은 이야기가 있으면 말해 보시오.

3. Tip

서울과학기술대학교는 전공과 관련된 질문이 많다. 특히 과학기술대학교라는 이름에 걸맞게 과학 질문이 많으므로 전공과 관련된 과목의 기본 개념은 모두 공부하는 것이 좋다. 화생명공학과의 경우 물리Ⅰ, 화학Ⅰ, 생명과학Ⅰ뿐만 아니라 화학Ⅱ까지 공부해야 답할 수 있는 질문들이다. 따라서 지원하는 학과에 맞는 과학 과목은 Ⅱ 과목까지 공부해야 한다. 화생명공학과 이외의 다른 과에서는 인성 질문이 많았다고 하는 것으로 보아 학과마다 질문이 다른 것이 특징이다. 전공우수자 전형이 아니더라도 전공에 대한 기본 개념은 충분히 공부해야 한다.

 서울대학교

대학	계열	전형	방식	사례 학부(과)	연도
서울대학교	자연	일반전형	다대일	산림과학부/간호학	2014

1. 시험 방식

1) 면접대기실에서 모집단위별로 30분간 6문제를 푼다.

2) 면접실로 이동하여 20분간 6문제에 대해 답한다.

2. 면접 내용

모집단위별로 한 가지 주제를 6개의 문항으로 단계별로 묻는 심층문제가 출제된다. 2014년 간호대와 농생명과학 대학의 경우 화학Ⅱ의 반응열에서 6개의 문항을 묻는 문제가 출제되었다. 1번 문제부터 6번 문제로 가면서 점점 문제의 난이도가 높아지고, 마지막 6번 문항의 경우에는 종합적인 창의력과 사고력을 물어보는 문제가 출제된다.

3. Tip

서울대학교 일반전형 자연계는 대부분 모집단위가 수학은 필수이며 과학 중 한 과목을 선택하여 심층면접을 본다. 따라서 평소 정규 교육과정에서 수학과 과학 과목을 심화해서 공부해야 한다. 문제의 난이도가 높아서 수학이나 과학 쪽으로 심화 교육을 받은 과학고등학교나 과학중점학교의 학생들이 유리하다고 생각할 수 있지만, 면접관들이 이에 대해 충분히 고려하고 있기 때문에 자신이 아는 것을 충실하게 답하는 자세가 필요하다. 창의력과 사고력을 요구하는 문항이 있는데 방향을 모르면 면접관에게 힌트를 달라고 해 보는 것도 좋다. 학교생활기록부, 추천서, 자기소개서, 학교소개자료 등 제출된 서류를 바탕으로 학업능력, 자기주도적 학업태도, 전공 분야에 대한 관심, 지적 호기심 등 창의적 인재로 발전할 가능성을 종합적으로 평가하는 지역균형선발 전형과 달리 지정과목에 대한 구술시험이 당락을 좌우한다.

27 서울대학교

대학	계열	전형	방식	사례 학부(과)	연도
서울대학교	자연	지역균형	다대일	식물생산과학	2013

1. 시험 방식

1) 대기실에 대기하다가 면접실로 입장한다.

2) 인성과 전공에 대한 질문에 답한다.

2. 면접 내용

- 자기소개를 해 보시오.
- 동아리활동은 어떤 것을 했는지 간단하게 설명해 보시오.
- 자기소개서에 '고등학교 시절 역경 극복 사례'에 적은 내용에 대해 어떤 게 힘들었는지 구체적으로 말해 보시오.
- 학교 다니면서 공부는 어떻게 했는가? 학원은 다녔는가?

3. Tip

자기소개서를 바탕으로 한 인성면접이라 따로 면접 공부를 할 필요는 없다. 전공에 대한 질문도 없어서 자기소개서에 적힌 내용만 숙지하면 된다.

 서울대학교

대학	계열	전형	방식	사례 학부(과)	연도
서울대학교	자연	지역균형	다대일	조선해양공학과	2014

1. 시험 방식

1) 면접대기실에서 대기하다가 호명하면 면접실로 이동한다.

2) 자기소개서, 생활기록부를 바탕으로 작성된 내용을 문답식 질문으로 심층면접을 한다.

2. 면접 내용

- (자소서 1번) 조파저항에 대해 많이 언급했는데, 조파저항에 대해 아는 대로 말해 보시오.

- 벌버스바우 같은 것들은 고등학교 교육과정에서 배우지 않을 텐데 어떻게 알고 있는가?

- (자소서 1번에 이어진 질문) 마찰저항에 대해서 말했는데 마찰저항에 대해서

말해 보시오.

– 마찰저항과 조파저항을 비교해서 설명해 보시오.

– (학생부) 아르키메데스의 원리를 설명해 보시오.

– 과학과 공학의 차이점을 설명해 보시오.

– (학생부) 『공학에 빠지면 세상을 얻는다』라는 책을 읽었는데 내용 중 가장 인상 깊었던 말이 무엇인지 말해 보시오.

– 배와 비행기의 차이점을 설명해 보시오.

– 어떻게 조선공학에 대해 관심을 갖게 되었는지 말해 보시오.

3. Tip

자소서와 학생부를 바탕으로 기록되어 있는 내용에 대한 개념 학습을 철저히 해야 할 것이다. 아울러 본인의 전공, 적성에 대해 분명한 생각을 갖고 있어야 할 것이고, 전공학과에 대한 어느 정도의 배경 지식을 갖고 있어야 할 것으로 보인다. 문답식으로 이루어지기 때문에 면접관의 질문에 대해서는 아는 만큼 성실하게 답변을 해야 한다. 설사 답이 틀리더라도 면접관이 수정할 수 있는 기회를 줄 수 있으므로 자신 있게 면접에 임해야 한다.

29 서울대학교

대학	계열	전형	방식	사례 학부(과)	연도
서울대학교	자연	일반	다대일	공과대학	2014

1. 시험 방식

1) 면접대기실에서 대기하다가 호명하면 면접실로 이동한다.

2) 준비실에서 30분간의 시간을 주고 제시된 수학 문제를 풀이한 후, 면접관 앞에서 15분간 풀이한 내용을 발표하는 형식으로 진행된다.

2. 면접 내용

[문제 1]

닫힌 구간 $[0, 1]$에서 정의된 연속함수 $f(x)$는 f(0)=1, f(1)=0이며 감소함수이다. 이때 영역 D=$\{(x,\ y)\,|\,0\le x\le 1,\ 0\le y\le f(x)\}$라 하고, 점 (t, 0)을 지나며 기울기가 tan θ인 직선과 영역 D가 겹치는 부분의 길이를 $l(t)$라 하자. 또, $S(\theta)=\int_{-\cot\theta}^{1} l(t)\,dt$라 하자.

1-1. $\lim\limits_{\theta\to\frac{\pi}{2}} S(\theta)$의 기하학적 의미를 설명하시오.

1-2. $S(\theta)$와 D의 넓이 사이의 관계를 설명하시오.

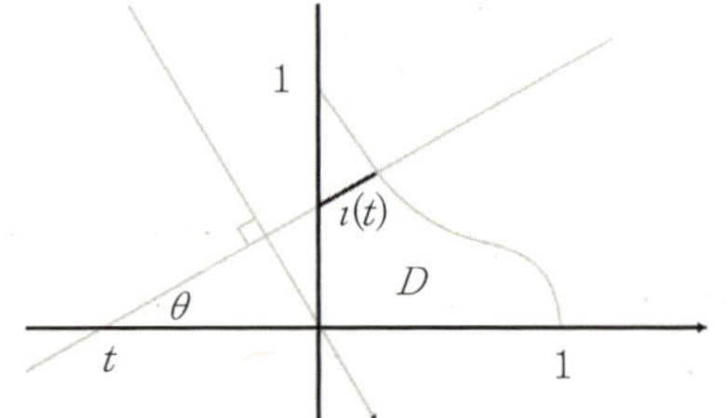

[문제 2]

[문제 1]의 조건을 만족하는 함수 $f(x)$와 영역 D에 대해, $f(x)$가 두 번 미분가능하고 영역 D를 x축 둘레로 회전한 입체의 부피와 y축 둘레로 회전한 입체의 부피가 같다고 하자.

2-1. [문제 2]의 조건을 만족하는 $f(x)$의 예를 들어 보시오.

2-2. (2-1)에서 구한 $f(x)$에 대해, $\int_0^1 (f(x)-x)^2\,dx$의 값을 구하시오.

추가질문 1. 일반적으로 $f(x)$는 어떤 함수이겠는가?

추가질문 2. 그 모든 $f(x)$에 대해 (2-2)의 적분값이 일정하겠는가?

※ (2-2)의 조건이 '(2-1)에서 구한 $f(x)$에 대해'서가 아니라, '[문제 2]의 조건을 만족하는 $f(x)$에 대해'서일 수 있습니다.

※ 두 번째 추가질문으로, "주어진 조건을 모두 만족하고 구간 [0, 1]에서 미분가능한 $f(x)$의 개수가 무한함을 증명하시오."가 주어진 경우가 있다고 합니다.

〈세부 진행〉

– 처음 문제부터 마지막 문제까지 답만 일단 말해 보시오.

– 문제 2-1에서 추가 질문 1. 그렇다면 $f(x)$는 일반적으로 어떤 성질을 가지는가?

– 문제 2-2를 어떤 방식으로 풀었는지 설명해 보시오.

3. Tip

2014 입시에서 정부가 대학들에서 출제하는 수리논술이나 면접 문제를 고등 교과서 수준에서만 출제할 것을 요구했다. 따라서 기존의 문제들과 달리 2014 입시에서는 대부분 대학에서 수리논술이나 면접문제 난이도가 평이했고, 위의 문제도 평소에 개념 정리만 제대로 했으며 쉽게 풀 수 있는 문제다. 구술면접이라 해도 결국 수학 문제 풀이기 때문에 말을 잘하려고 할 필요는 없고, 그냥 자기가 푼대로 답하면 된다. 답을 도출하는 과정이 미심쩍거나 말로 제대로 표현하지 못하면 교수가 연습지를 가져가서 확인해 주니 너무 긴장하지 않아도 된다.

문제풀이 시간에 시간이 남는다면 어떤 문제를 어떤 가정과 개념과 조건을 써서 설명할 것인지 미리 머릿속으로 그려 보는 것이 좋고, 면접 도중에 풀이가 잘못됐거나 답이 잘못된 경우 당황하지 말고 다시 풀어보고 그래도 모르겠으면 교수에게 힌트를 달라고 해야 한다. 엄밀한 과정 없이 풀이를 생략하거나 답만 맞힌 것처럼 보일 경우[예: 문제 2-2에서 $f(x)=1-x$로 놓고 답을 낸 다음 명확한 근거 없이 $f(x)$의 조건을 만족하는 함수의 답도 이와 동일할 것이라고 주장하는 경우] 교수가 추가 질문을 통해 학생이 제대로 푼 것인지 알아보기 때문에 모르면 모른다고, 알면 안다고 명확히 답해야 한다.

30 서울시립대학교

대학	계열	전형	방식	사례 학부(과)	연도
서울시립대학교	자연	입학사정관제	다대일	생명과학	2014

1. 시험 방식

1) 면접대기실에서 대기하다가 호명하면 면접실로 이동한다.

2) 준비실에서 30분간의 시간을 주고 면접실로 이동하여 제시된 전공 문제와 인성 문제를 각 15분간 답한다.

〈전공심층 면접실〉 〈인성 면접실〉

2. 면접 내용

1) 인성문제

- 고등학교 생활을 하면서 친구들과 잘 어울리지 못하거나 학교생활을 힘들어
  했던 친구들을 도와준 경험이 있다면 구체적으로 이야기해 보시오.
- 실험한 후 보고서를 작성하여 제출하는 과제가 있었는데 중간 실험설계 과정
  에서 실수하여 결과에 오류가 생겼다. 처음부터 다시 실험하기에는 시간이 부
  족한 상황이다. 하지만 잘못된 보고서를 내면 점수가 감점될 것이다. 이 상황
  에서 어떻게 할 것인가?

2) 전공면접

- 제시된 어떤 단백질의 DNA 유전자 염기 서열을 보고 mRNA의 염기 서열을
  유추한 후 제시된 각 코돈에 따른 아미노산 서열표를 이용해 이 유전자의 아
  미노산 서열을 유추해 보시오.
- 염기 서열의 일부분에 돌연변이가 일어난 이 유전자의 아미노산 서열을 유추
  하고 돌연변이가 일어났을 때 단백질의 성질에 변화가 있는지 유추해 보시오.
- 기존 20개의 아미노산 외에 임의로 새로운 아미노산을 53개 더 만들었을 때
  이 73개의 아미노산을 이용하여 유전자를 만드는 데 기존 코돈을 대신해서 사
  용해도 되는가?
- 위 답변의 근거를 들어 설명해 보시오.

3. Tip

제시문에 대한 문제에 대해 묻고 자기소개서나 생활기록부에 대해서는 묻지 않
는다. 따라서 정규교육과정에서 영어 공부와 사회 공부에 충실하면 충분히 대비할
수 있다. 제시문과 상관없는 질문이 추가로 이어지더라도 당황하지 말고 침착하게
답하는 것이 필요하다. 전공면접의 경우, 생명과학과는 생명과학 II 정규교육과정
을 충실히 이수했다면 충분히 답변할 수 있다.

31 서울여자대학교

대학	계열	전형	방식	사례 학부(과)	연도
서울여자대학교	자연	바롬 플러스 인재	다대일	생명환경공학	2014

1. 시험 방식

1) 면접대기실에서 대기하다가 기초학업능력평가실로 이동하여 20분간 문제를 푼다.

2) 면접실로 이동하여 기초학업능력평가와 간단한 인성면접에 대한 질문에 답한다.

2. 면접 내용

1) 기초학업능력평가

- 제시되는 수학, 영어 문제를 각각 2문제씩 푼다.

2) 인성면접

- 지원 동기는 무엇인가?

- 진로계획을 말해 보시오.

- 학교생활 중에서 가장 인상 깊었던 활동에 대해 말해 보시오.
- 마지막으로 하고 싶은 말을 해 보시오.

3. Tip

서울여자대학교 홈페이지에서 기초학업능력평가 기출문제를 볼 수 있다. 면접이 시작되면 먼저 기초학업능력평가 정답을 물어보는데, 경향을 살펴보면 영어 문제는 점점 쉬워지는 추세이고, 수학 문제는 수능 공부만 열심히 했다면 쉽게 풀 수 있는 문제로 출제되기 때문에 어렵지 않게 답할 수 있다. 이어지는 인성면접도 가장 기본이 되는 것만 질문하기 때문에 면접을 위해 따로 준비할 필요는 없다.

32 성신여자대학교

대학	계열	전형	방식	사례 학부(과)	연도
성신여자대학교	자연	성신체인지	다대일	IT	2014

1. 시험 방식

1) 면접대기실에서 대기하다가 한 명씩 면접실에 입장한다.
2) 간단한 인성면접 후에 창의력 문제에 대한 질문에 답한다.

2. 면접 내용

1) 인성면접

- 자기소개를 20초씩 해 보시오.

- 생활기록부에는 약사라고 장래 희망을 적었는데 바뀐 이유와 이 분야에서 활동한 것이 있으면 이야기해 보시오.

- 마지막으로 할 말이 있으면 해 보시오.

2) 창의력 문제

- 외국 국적인 교포, 대한민국 국적인 외국인 중에서 누구를 채용할 것이고 그 이유는 무엇인가?

- 지구랑 똑같은 환경의 행성을 찾았다. 하나를 버리고 갈 수 있다면 무엇을 버리고 갈 것인가?

- 바람(wind)과 IT 학부랑 연관 지어 설명해 보시오..

3. Tip

인성면접은 길지 않고 간단하게 진행된다. 성신여자대학교의 경우에는 독특하게 창의적인 문제를 묻고 있는데 이에 대해 답하기 위해서는 순발력과 창의성이 필요하다. 진부한 대답보다는 남들과 다른 창의적인 대답이 요구된다. 생활기록부에 기재된 장래 희망과 지원학과와 차이가 있을 때는 반드시 이에 대한 질문이 있으므로 장래 희망과 지원학과가 다른 이유에 대해서 꼭 답변을 준비해야 한다. 이런 점에 주의해서 생활기록부에 장래 희망을 기재할 때부터 지원학과와 자신의 꿈을 일치시킬 필요가 있다.

33 세종대학교

대학	계열	전형	방식	사례 학부(과)	연도
세종대학교	자연	창의인재	다대일	원자력공학/ 기계항공우주공학	2014

1. 시험 방식

1) 면접대기실에서 대기하다가 호명하면 면접실로 이동한다.

2) 15분간 면접관의 질문에 답한다.

2. 면접 내용

〈원자력공학과〉

- 원자력 발전소보다 신재생 에너지가 낫다고 생각하지 않는가? 어떻게 생각하는가?

- 친구들과 무엇을 하고 노는가?

- 친구관계는 어떠하다고 생각하는가?

- 본인을 표현하자면 어떤 사람인가? 어떤 식이든지 가치관, 성격 같은 것을 포

함해서 본인을 표현해 보시오.

- 미분과 극한을 비교하고 각각 정의와 의미에 대해서 말해 보시오.

〈기계항공우주공학과〉

- 자기소개서에 제출한 활동 5가지 중에서 창의성이 가장 큰 활동은 무엇인가?

- 태양열과 태양광 발전의 차이점을 말해 보시오.

- 과학 관련 도서를 많이 읽었는데 그중에서 원리와 이론 중심으로 핵심 내용을 말해 보시오.

- 자유탐구 대회에서 수상한 내용에 관해 이야기해 보시오.

- 실생활에서 이용되는 생체모방 5가지를 말해 보시오.

3. Tip

공통적으로 정해진 문제가 아니라 개인마다 다른 질문을 한다. 타 대학에 비해 내신 반영 비율이 낮고 면접 반영 비율이 높으므로 많은 준비가 필요하다. 학과에 대한 정보와 전공과 관련된 지식을 바탕으로 질문이 이어지고 답변에 대한 추가 질문이 많으므로 신중하게 답을 해야 한다. 자기소개서와 생활기록부를 바탕으로 전공과 관련된 예상 질문에 대해 준비하는 것이 좋다.

34 숙명여자대학교

대학	계열	전형	방식	사례 학부(과)	연도
숙명여자대학교	자연	자기추천자	다대일	나노물리학	2013

1. 시험 방식

1) 면접대기실에서 대기하다가 면접 준비실로 이동하여 29분간 문제를 푼다.

2) 4분간 자기 생각을 정리한 다음 제시문에 대한 답변과 간단한 인성면접에 대한 질문에 답한다.

2. 면접 내용

1) 기초학업능력평가

– 제시되는 수학Ⅱ, 화학(PV=nRT) 긱긱 2문제씩을 푼다.

2) 인성면접

–지원 동기는 무엇인가?

–자기소개서의 전공이나 학과와 관련된 질문

–학교생활 중에서 가장 인상 깊었던 활동을 말해 보시오.

–마지막으로 하고 싶은 말이 있다면 해 보시오.

3. Tip

숙명여자대학교 홈페이지에서 면접 기출문제를 볼 수 있다. 면접이 시작되면 먼저 제시문의 정답을 물어보는데 이 제시문에 대한 힌트는 홈페이지에 공지된다. 경향을 살펴보면 영어 문제는 점점 쉬워지는 추세이고, 수학 문제는 수업시간에 내신과 수능 공부만 열심히 했다면 쉽게 풀 수 있는 문제로 출제되기 때문에 어렵지 않게 답할 수 있다. 인성면접은 자기소개서에 대한 내용 외에 생활기록부의 내용은 묻지 않고 가장 기본적인 것에 대해 자세히 물어보며 학과와 관련된 내용을 많이 물어본다.

대학	계열	전형	방식	사례 학부(과)	연도
숙명여자대학교	자연	자기주도 학습우수자 리더십 전형	다대일	나노물리학/ 식품영양	2013

1. 시험 방식

1) 면접대기실에서 대기하다가 상황면접 준비실로 이동하여 15분간 제시문을 읽는다.

2) 면접실로 이동해서 15분간 제시문에 대한 면접을 하고 인성면접을 15분간 실시한다.

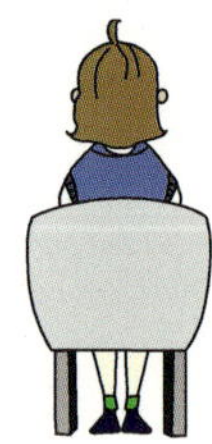

2. 면접 내용

1) 상황 면접

– 제시되는 문제에 대해 발표하는데 도표 분석 같은 간단한 제시문이 제시된다.

– 당신이 A라면 어떻게 하겠는가? 그 이유는 무엇인가?

2) 인성면접

- 왜 숙명여자대학교에 지원했는가?

- 다른 학교는 어디를 지원했는가?

- 10년 뒤에 무엇을 하고 있을 것 같나?

- 자기주도적으로 학습한 경험에 관해 이야기해 보시오.

- 생활기록부에 장래 희망이 왜 바뀌었나?

- 하고 싶은 말이 있으면 해 보시오.

3. Tip

면접 며칠 전에 숙명여자대학교 홈페이지에 예시 문항이 탑재되지만 동일하거나 유사한 문제가 출제되지는 않으므로 문제 유형만 파악하도록 한다. 제시문은 자기 추천자 전형과 달리 심화적인 학업 능력을 묻는 것이 아니라 인문과 자연이 융합된 문제가 출제된다. 따로 준비하지 않더라도 쉽게 풀 수 있는 문제로 출제되기 때문에 어렵지 않게 답할 수 있다. 인성면접은 기본적인 것에 대해 자세히 묻고 학과와 관련된 내용보다는 전형에 맞게 자기주도적으로 학습한 경험을 많이 물어본다.

36 숭실대학교

대학	계열	전형	방식	사례 학부(과)	연도
숭실대학교	자연	SSU 미래인재	다대일	산업정보시스템	2014

1. 시험 방식

1) 면접대기실에서 대기하다가 한 명씩 면접실에 입장한다.

2) 15분간 다양한 질문에 답한다.

2. 면접 내용

- 어디서 왔는가?

- 왜 산업정보시스템 공학과에 지원했는가?

- 이 과에 오기 위해 준비한 내용은 무엇인가?

- 수학에서 선생님들께서 가장 중요하다고 한 내용은 무엇인가?

- 그와 관련된 공식이나 내용 같은 것을 설명해 보시오.

- 많은 대학이 있을 텐데 왜 하필 숭실대학교인가?

- 다른 학교와 숭실대학교 산업정보시스템 공학과와의 차이점은 무엇인가?

- 자신의 꿈을 이루기 위해서 숭실대학교에서 해야 할 일들은 무엇인가?

- 학과목 이외에 다른 측면에서 노력하고 있는 것들은 무엇인가?

- 마지막으로 하고 싶은 말이 있다면 해 보시오.

3. Tip

숭실대학교는 문제 풀이 방식이 아니라 정의를 물어보는 방식으로 진행되므로 수학 Ⅱ에 나오는 여러 가지 정의나 개념들을 정확하게 외우는 것이 좋다. 예를 들어, 미분에서 평균값의 정리나 롤의 정리 등 정의가 많은 수학 Ⅱ를 공부해야 한다. 그리고 학과에 대한 이해도가 높은지 전공과 관련된 다양한 질문을 하므로 학과 홈페이지에 나와 있는 커리큘럼을 분석해서 다른 학교와의 차이점을 찾아야 한다. 그리고 자신의 꿈과 연관시켜 숭실대학교 이 학과에 진학하려는 이유도 정리해 두어야 한다. 면접시간 15분이 생각보다 길기 때문에 한 질문에 될 수 있으면 답변을 길게 할 수 있도록 한다.

37 아주대학교

대학	계열	전형	방식	사례 학부(과)	연도
아주대학교	자연	아주ACE	다대일	산업공학	2014

1. 시험 방식

1) 면접대기실에서 20분간 수학 문제 2문제를 푼다.

2) 수학 문제에 대해 답하고 자기소개서와 관련한 다양한 질문에 답한다.

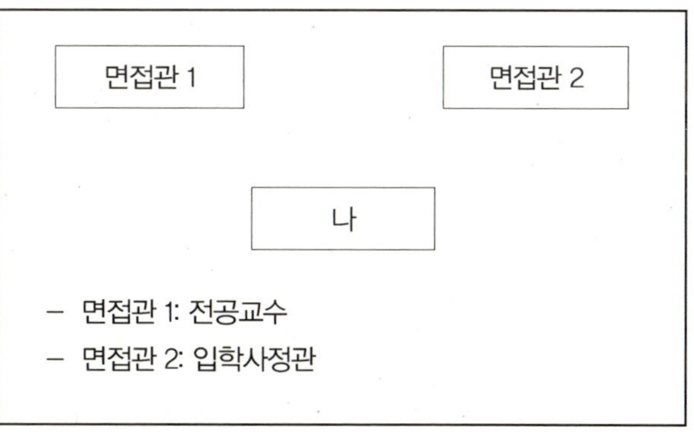

| 면접대기실 | ⇨ | 발표면접 준비
(20분) | ⇨ | 면접실 입장
발표면접 15분
개인면접 10분 | ⇨ | 퇴실 대기실 |

2. 면접 내용

1) 학과별로 심층면접 주제가 다르게 제시된다. 산업공학과의 경우 심층면접 주제는 수학이었다.

〈수학 문제 예시〉

함수 f 는 실수집합에서 정의되는 연속함수로 다음 성질을 만족한다고 하자.

$$\begin{cases} f(0) = 1, \\ x_1 < x_2 \text{ 이면, } f(x_1) > f(x_2) \\ \text{모든 } x \text{에 대하여 } f(x+1) = \frac{1}{2}f(x) \end{cases}$$

다음 물음에 답하시오.

2) 개인면접

- 상이 많은데 이 중에서 가장 인상 깊은 상은 무엇인가?
- 리더십 역량 가운데 가장 중요한 것은 무엇이라 생각하는가?
- 형제 관계가 어떻게 되는가?
- ○○○ 활동에 대해 구체적으로 이야기해 보시오.

3. Tip

제시문에 대한 답은 정규 교육과정의 과 과목 시간에 충실하게 공부해야 한다. 전공별 지정 과목의 심화문제나 수능의 고난이도 문제를 푼다고 생각하면 되기 때문에 평소에 관련된 내용을 공부할 필요가 있다. 수학의 미분 적분이나 화학Ⅱ나 생명과학Ⅱ의 내용이 출제될 수 있으므로 홈페이지에 있는 기출문제의 출제경향과 문제의 수준을 분석할 필요가 있다. 개인면접은 자기소개서와 생활기록부를 바탕으로 평이한 질문으로 구성된다.

38 아주대학교

대학	계열	전형	방식	사례 학부(과)	연도
아주대학교	자연	일반전형	다대일	의예과	2014

1. 시험 방식

1) 면접대기실에서 대기하다가 호명하면 면접실로 이동한다.

2) 제시문 두 가지를 제시하고 답변 준비 시간 10분을 제공하고 10분간 면접관에게 답변하는데, 필기구는 사용할 수 없다고 한다.

2. 면접 내용

1) 라돈(Rn) 노출 정도가 사망률에 끼치는 영향에 관한 통계 조사

– 전체집단: 높은 노출도 집단의 사망률<낮은 노출도 집단의 사망률

– 60대 집단: 높은 노출도 집단의 사망률>낮은 노출도 집단의 사망률

– 70대 집단: 높은 노출도 집단의 사망률>낮은 노출도 집단의 사망률

문제 1) 라돈 노출도가 높을수록 사망률이 높아진다는 가설을 세울 때 위 통계

는 이 가설을 뒷받침하는가? 아니면 반대하는가? 그리고 그러한 의견
에 대한 근거는?

문제 2) 각 통계가 모두 같은 결과가 아닌 이유는?

문제 3) 그렇다면 가설이 옳다는 것을 명확하게 보여 주려면 통계조사에 어떤
보완을 해야 하는가?

2) 의료 광고의 규제 완화와 의료광고에 실리는 진료과목의 확대

– 최근 성형, 피부미용, 비만관리 등에 대한 의료광고 증가, 광고의 주 내용은
시술비 위주

– 의료광고 규제 완화로 인해 인터넷, 버스 광고 등이 가능해짐.

– 의사는 의료광고를 낼 때 저급한 광고 지양, 타 의원 비방 금지, 과장 및 허위
광고 금지를 지켜야 한다. 새로운 시술법을 찾았을 때는 그에 대한 공식 승인
을 받아야 한다.

문제) 의료광고의 규제 완화의 진료과목 범위가 더 넓어질 수 있다. 위 제시문
을 읽고 의료광고 규제 완화에 대한 찬반과 근거를 제시하시오.

3. Tip

이슈가 되는 의료 정책, 사고, 법안 등에 대해서 학생의 의견을 묻는 문항이 출
제되었다. 의사가 되면 고민하고 생각해야 할 것에 대해 학생이 그러한 의식을 가
졌는지를 평가하고 있는 것이라 생각된다. 평소 의료 관련 이슈에 관심을 갖고 정
보를 습득하며 대립되는 두 주장에 대해선 자신의 주장을 확립하고 근거를 마련하
는 연습을 반복해서 할 필요가 있을 것이다.

대학	계열	전형	방식	사례 학부(과)	연도
연세대학교	자연	창의인재 전형	다대일	천문우주학과	2014

1. 시험 방식

1) 면접대기실에서 면접실로 한 명씩 입장한다.

2) 면접실로 이동하여 심층면접과 인성 질문에 대해 50분간 답한다.

〈심층 면접실〉

〈인성 면접실〉

2. 면접 내용

- 국제 천문올림피아드에 참가한 적이 있는가? 있다면 그 대회가 어떤 대회인지 간단하게 이야기해 보시오.

- 관측을 좋아한다고 되어 있는데 어제 달을 보았는가?

- 혹시 아는 천문학자가 있는가?

- 우리 학교 교수님 중에 아는 분이 있는가?

- 학교에서 한 활동들을 보니 전기 통신 분야에도 관심이 있는 것 같은데 어떤 것에 관심이 있나?

- 전향력이 무엇인지 알고 있나?

– 광주에서 부산으로 포를 쏠 때 그 포탄은 어디로 휘는가?

– 물리 심화 동아리에서 발표한 내용이 무엇인가?

– 일식이나 월식이 4월과 10월에 잘 일어나는데 혹시 왜 그런지 생각해 봤는가?

– 별에서 나오는 빛으로 우리는 어떤 정보를 얻을 수 있는가?

– 별빛이 우주의 성간 물질을 통과하면 소광이 될 텐데, 우리가 그 빛을 관찰할
때 소광된 빛인지, 아니면 소광되지 않은 빛인지 알 수 있는가?

– 우리 학교 첫인상이 어떠한가?

– 영어에 자신이 있는가?

3. Tip

학생부 비교과, 자기소개서, 추천서를 활용하여 종합적으로 평가가 이루어진다. 50분이라는 상당히 긴 시간 동안 면접이 이루어지므로 자기소개서와 생활기록부에 기재된 내용은 완전히 숙지하여야 한다. 그리고 돌발적인 질문이 많으므로 당황하지 않고 자기 생각을 침착하게 말하는 연습이 필요하다. 전공과 관련된 수준 높은 질문들이 많이 나오기 때문에 자신이 관련 지식에 자신 있는 학과에 지원하는 것이 중요하다.

40 연세대학교

대학	계열	전형	방식	사례 학부(과)	연도
연세대학교	자연	학교생활우수자	다대일	전기전자공학	2014

1. 시험 방식

1) 면접대기실에서 10분간 인성면접을 준비한다.

2) 면접실로 이동하여 공통 문항과 개별 질문에 대해 15분간 답한다.

2. 면접 내용

1) 공통 문항

- 고등학교 재학 중 소그룹(5명 내외)으로 활동했던 경험 중에서 기억에 남는 일
  과 자신의 역할에 관해 이야기해 보시오.
- 교과 관련 학업 이외에 어떤 일에 몰두한 경험에 관해 이야기해 보시오.

2) 개별 문항

- 생활기록부에 ○○○상을 수상한 내용이 있는데 이야기해 보시오.
- 마지막으로 하고 싶은 말이 있으면 해 보시오.

3. Tip

인문계열과 달리 개별 문항에 추가적인 질문은 별로 없다. 자기소개서와 생활기
록부에 기록된 수상내용 중에 특이한 부분에 대해서만 질문을 한다. 시간이 부족하
면 개별 문항 질문은 하지 않으므로 공통 문항에 대해 최대한 성실히 답하는 것이
좋다.

41 울산과학기술대학교(UNIST)

대학	계열	전형	방식	사례 학부(과)	연도
울산과학기술대학교(UNIST)	자연	지역고교출신자/ 탐구역량우수자/ 학업역량우수자	다대일	이공계열	2014

1. 시험 방식

1) 대기실에서 대기하다가 과학 면접 준비실로 이동하여 15분간 자신이 선택한 과학 과목의 문제를 풀고 면접실로 이동하여 15분간 문제에 대해 설명한다.

2) 수학 면접 준비실로 이동하여 15분간 수학 문제를 풀고 수학면접실로 이동하여 화이트보드를 활용하여 15분간 풀고 설명한다.

3) 다면면접실로 이동하여 인성면접을 15분간 실시한다.

| 면
접
대
기
실 | ⇨ | 면접 준비

면접준비실
약 15분 | ⇨ | 과학

면접실
약 15분 | ⇨ | 면접 준비

면접준비실
약 15분 | ⇨ | 수학

면접실
약 15분 | ⇨ | 다면면접

면접실
약 15분 |

2. 면접 내용

1) 과학면접

〈화학〉

– 이온화 상수 문제

– 탈수축합 관련 문제

〈생물〉

– 항체 관련 문제

– 호르몬 문제

– 삼투 현상에 대한 문제

2) 수학면접

– 함수 문제

– 정적분 정의를 이용한 문제

3) 다면면접

– 자기소개를 해 보시오.

– UNIST를 어떻게 알게 되었나?

– 자기소개서에 적은 내용과 관련하여 왜 이 학과를 선택하고 싶은지 말해 보시오.

– ARS로 기부하는 프로그램에서 과장되게 방송하는 것에 대해 어떻게 생각하는가?

– 뇌도 장기이식처럼 기억까지 다 복제 가능하다면 새로운 뇌를 이식받은 사람은 사이보그인가, 그저 사람인가?

– 사람의 마음을 움직이는 기술이 뭐라고 생각하는가?

- 생활기록부와 관련된 내용 질문
- 공대에 여자가 적은데, 일정 비율을 선발하는 것에 대한 찬반과 대책은 무엇인가?
- 모든 사람이 솔직하기만 하다면 어떻게 될 것 같은가?
- 올림픽에서 없어져야 할 종목이 무엇이라고 생각하는가?
- 공부를 잘하는 학생들이 의대로 몰리는 것에 대한 장단점을 말해 보시오.
- 마지막으로 하고 싶은 말이 있으면 해 보시오.

3. Tip

과학 면접은 선택한 과목의 Ⅰ, Ⅱ를 모두 공부해야 한다. 수학 면접의 경우에는 미분과 적분을 포함한 정의와 관련된 내용은 모두 공부해야 한다. 또한, 앞으로 나가서 화이트보드에 문제 풀이 과정도 설명해야 하므로 평소에 수학 증명과 관련된 모든 문제는 다 풀어 보는 것이 좋다. 수능 준비와 비슷하므로 평소 수학 수업 시간에 열심히 하는 것이 중요하다. 수학 문제는 풀이 과정에 면접관이 주는 힌트를 잘 활용하면 문제를 쉽게 풀 수 있으므로 긴장하지 말고 면접관이 주는 힌트를 잘 활용하면 된다. 수학과 과학을 비교하면 과학이 좀 더 쉽게 느껴진다. 따라서 과학은 평소에 과학과목 Ⅰ, Ⅱ 수업시간만 충실하면 충분히 대비할 수 있다. 다면면접은 자기소개와 앞으로의 진로에 대한 것은 기본적으로 물어보고 나머지 문제는 면접관에 따라 다르므로 그때그때 주어지는 문제를 순발력 있게 답하면 된다. 기출문제가 학교 홈페이지에 있으므로 기출문제를 꼭 풀어보고 문제 유형과 출제 경향을 익히도록 해야 한다.

대학	계열	전형	방식	사례 학부(과)	연도
원광대학교	자연	일반전형	다대일	치의예	2013

1. 시험 방식

1) 면접대기실에서 대기하다가 한 명씩 면접실로 이동한다.

2) 면접실 앞 대기실에서 10분간 제시된 과학 사고력 문제에 대해 생각한다.

3) 면접실로 이동하여 과학적 사고력 문제와 인성 문제에 대해 답한다.

2. 면접 내용

1) 과학적 사고력 문제

– 주 영양소 3개는 무엇인가?

– 지방의 기능에 대해 설명해 보시오.

– 포화지방과 불포화지방을 비교 설명해 보시오

– cis–지방과 trans–지방을 비교 설명해 보시오.

– 채식만 해도 체내에 콜레스테롤이 있는데 이유는 무엇인가?

2) 인성 문제

– 친구가 부정행위를 하는 것을 보았을 때 어떻게 할 것인가?

3. Tip

원광대는 학교 홈페이지에 기출문제가 있으므로 문제의 패턴을 파악할 수 있다. 전공 준비는 화학Ⅱ와 생명과학Ⅱ보다는 화학Ⅰ과 생명과학Ⅰ 수준의 문제가 출제된다. 수업시간과 정규 교육과정 과학 시간에 충실하면 충분히 답할 수 있는 문제가 출제되므로 수업시간에 열심히 공부하는 것이 중요하다. 다른 학교보다 면접관 숫자가 많아 당황할 수 있고, 문제가 생각나지 않아서 당황할 수도 있지만, 면접관들이 잘 모르면 힌트를 주기도 하므로 당황하지 말고 침착하게 생각하는 것이 중요하다.

43 이화여자대학교

대학	계열	전형	방식	사례 학부(과)	연도
이화여자대학교	자연	미래인재	다대일	과학교육	2013

1. 시험 방식

1) 면접대기실에서 대기하다가 한 명씩 면접실로 이동한다.

2) 면접실 앞 복도에서 18분간 제시문을 풀고 면접실에 입장한다.

3) 6분간 다양한 질문에 답한다.

2. 면접 내용

1) 문제 A

– 생명과학Ⅱ: DNA→RNA→아미노산(중심설), 트리플렛 코드의 가짓수가 아미노산의 개수보다 많은 이유

– 화학Ⅱ: 끓는 점 오름과 몰랄 농도의 개념

2) 문제 B

– 수학 문제: log

3) 인성면접

– 강압에 못 이겨서 학교 폭력에 가담했다고 한 학생이 고백하면 생활기록부에 기록할 것인가?

– 관련 활동한 것에 관해 이야기해 보시오.

– 학생의 교사로서의 장점은 무엇인가?

3. Tip

이화여자대학교는 자기소개서나 생활기록부의 기재 내용보다는 당일 제시되는 문제를 해결하는 데 비중을 둔다. 이어지는 인성면접은 인문계열과 달리 평이한 질문을 하므로 면접을 위해 따로 공부할 필요는 없다. 평소에 딜레마나 사회적 문제에 대해 자신의 가치관을 정립하고 면접 시에 정답보다는 발표하는 자세와 태도를 중요시하므로 이에 신경 쓰면서 자신감 있게 답하는 것이 중요하다. 6분간 주어진 시간 내에 제시문에 대한 답변과 인성 질문 한두 개가 이루어지므로 짧은 시간에 핵심만 이야기하는 것이 중요하다. 제시문에 대한 답변이 길어지면 인성 질문은 한 개만 한다.

44 인제대학교

대학	계열	전형	방식	사례 학부(과)	연도
인제대학교	자연	자기추천자	다대일	간호/임상병리/보건안전공학	2014

1. 시험 방식

1) 대기실에 400자 이내로 한자와 한글을 혼용해서 자기소개서를 작성한다.

2) 면접실로 이동하여 학과별 면접을 실시한다. 면접 방식 및 면접관과 지원자의 비율은 학과마다 다르다.

〈보건안전공학과〉 면접관:지원자=3:4

〈간호학과〉 인성면접 2:2, 전공면접 2:2

〈임상병리학과〉 면접관:지원자=3:9

2. 면접 내용

1) 간호학과

- 고등학교 생활 중에 했던 전반적인 봉사와 느낀 점에 대해 말해 보시오.

- 면접조서 수상경력 칸에 적은 수상 내용에 대해 자세히 말해 보시오.

- 리더를 하면서 집단을 이끌거나 갈등을 해결한 경험을 말해 보시오.

- 자신의 어떤 면이 간호사가 되기에 적절한 자질이라고 생각하는가?

- 방학 때 시간 관리를 어떻게 하는가?

- 살아오면서 부정행위를 겪었거나 막았던 경험이 있다면 말해 보시오.

2) 보건안전공학과

- 자기소개를 해 보시오.

- 물 10g은 몇 몰(mol)인가?

- 영어로 자기소개를 해 보시오.

- 영어로 자신이 사는 곳을 소개해 보시오.

- 자신이 다니는 고등학교에서 인제대학교를 어떻게 인식하고 있는가?

3) 임상병리

- 좋아하는 과목은 무엇이고, 등급이 어떻게 되는가?

- 다음 영어문장(They killed one person and injured hundred others.)을 해
  석해 보시오.

- 마지막으로 하고 싶은 이야기가 있는 사람은 해 보시오.

3. Tip

인제대학교 자기추천전형은 학과마다 전형 방식과 질문이 다르다. 따라서 학과
에 맞추어 준비해야 하지만 대부분 자기소개서 내용을 바탕으로 질문하거나 간단
한 영어 지문 해석이 기본이니 당황하지 않고 답하면 된다. 보건안전공학과의 경우
화학 관련 질문이 있는 것으로 보아 생명과학이나 화학 등 전공과 관련된 기본지식
을 쌓아 두는 것도 필요하다. 인제대학교의 경우 자기소개서를 400자 이내로 쓰는
것은 공통적이므로 미리 준비해 두어야 한다. 한자 쓰기를 강조하고 있으므로 부모
님 성함이나 자신의 학교나 거주지는 한자로 쓸 수 있어야 한다.

대학	계열	전형	방식	사례 학부(과)	연도
중앙대학교	자연	다빈치	다대일	시스템공학	2014

1. 시험 방식

1) 면접대기실에서 대기하다가 한 명씩 면접실에 입장한다.

2) 15분간 다양한 질문에 답한다.

2. 면접 내용

– 왜 중앙대학교에 입학할 것을 결심했는가?

– 우리 학과를 오려면 화학을 잘해야 하는데, 여기 미생물에 대해 연구하고 싶다고 했는데 구체적인 계기가 무엇인가?

– 자기소개서에 여기에 들어와서 무엇을 공부하겠다고 쓰여 있는데 분자랑 이온 중에서 어떤 것이 더 중요한 것 같은가?

– 여기 ○○○대학의 ○○○대회에서 ○○○을 연구했다고 되어 있는데 여기에

대해 구체적으로 이야기해 보시오.

– 엔탈피, 엔트로피, 화학평형이 무엇인가?

– 발열 반응이 일어나려면 물체와 주위 사이의 관계가 어떻게 되어야 하는지 설명해
  보시오.

– 마지막으로 준비해 온 말이 있으면 해 보시오.

3. Tip

인성면접과 전공적합성을 평가한다. 인문계열과는 달리 전공에 관해 내용을 정리해서 공부해야 한다. 인성면접은 질문 대부분이 자기소개서와 생활기록부에 있는 내용을 바탕으로 질문하기 때문에 긴장하지 않고 자신감 있게 면접에 임하는 태도가 중요하다. 하지만 자기소개서와 생활기록부를 바탕으로 전공과 관련된 변형된 질문이 나올 수 있으므로 학과에 대한 정보와 자기소개서 내용과 자신이 제출한 포트폴리오의 내용 중에서 전공과 관련된 내용은 따로 정리하는 것이 좋다. 화학Ⅱ나 생명과학Ⅱ와 같은 과목을 공부하면 좋다.

46 한국교원대학교

대학	계열	전형	방식	사례 학부(과)	연도
한국교원대학교	자연	교직적성우수자	다대일	생물교육과	2014

1. 시험 방식

1) 면접대기실에서 대기하다가 호명되면 면접실로 이동한다.

2) 면접실에서 3명의 면접관 앞에서 10분간 문제에 대한 답과 개별 질문에 답한다.

2. 면접 내용

〈생물교육과〉

– 같은 반 학생이 휴대폰을 잃어버렸는데 다른 학생 가방에서 그 휴대폰이 나왔
  다면 교사로서 이 일을 어떻게 해결할 것인지 말해 보시오.

– 개별문항

  • 생명공학과 유전공학의 차이점을 말해 보시오.

  • 생명공학으로 인해 나타날 수 있는 문제와 그것으로 해결할 수 있는 방안
    을 말해 보시오.

  • 환경호르몬에 대해 말해 보시오.

3. Tip

제시문에 대한 답변 시간이 길수록 개인 면접 시간은 짧아진다. 지원학과에서
출제한 문제는 전공과 관련된 질문이 나오므로 이에 대한 대비가 필요하다. 생물
전공과 관련된 다양한 지식 및 이슈가 되는 생물학 정보를 평소에 기본 소양으로
쌓아 두면 좋다.

 한국해양대학교

대학	계열	전형	방식	사례 학부(과)	연도
한국해양대학교	자연	아치해양인재	다대일	해운경영학/ 해양환경생명과학	2014

1. 시험 방식

1) 면접대기실에서 대기하다가 호명하면 면접실로 이동한다.

2) 준비실에서 30분간의 시간을 주고 제시된 수학 문제를 풀이한 후, 면접관 앞에서 15분간 풀이한 내용을 발표하는 형식으로 진행된다.

2. 면접 내용

〈해운경영학〉

– 이 학과에 지원한 이유는 무엇인가?

– 꿈이 무엇인지 왜 그 꿈을 가지게 되었는지 말해 보시오.

– 자신이 한 활동 중에서 가장 자신 있는 활동에 관해 이야기해 보시오.

– 최근 해운과 관련된 기사 중에서 읽은 것이 있는가?

〈해양환경생명과학〉

- 선생님께서 추천서에 뭐라고 적어 주셨을 것 같은가?

- 지금까지 살면서 힘든 적은 없었나?

- 우리 과에 와서 뭘 하고 싶나? 지원 동기가 무엇인가?

- 방사능 원소 중에는 어떤 것이 있는가?

- 10년 뒤에 자신이 뭘 하고 있을 것 같은가?

- 해양대학교는 어떻게 알고 왔나?

3. Tip

학과별로 면접이 이루어지기 때문에 학과에 대한 정보는 필수적이다. 자기소개서에서 학과와 연관된 활동 내용에 대한 정리가 필요하다. 또한 '10년 후에 어떤 사람이 되어 있을까요'라는 공통 질문에 대한 답변도 미리 준비해야 한다. 면접 때 가장 중요한 것은 자신감이다. 면접실에 들어가면 떨리기 때문에 준비해 간 것이 많이 기억나지 않기 때문에 질문 하나하나에 자신감 있게 대답하려고 노력하는 태도가 중요하다. 학교 홈페이지를 통해 학과 정보를 충분히 익히고 학과 커리큘럼이나 진로에 대해 충분히 숙지해야 한다.

48 한양대학교

대학	계열	전형	방식	사례 학부(과)	연도
한양대학교	자연	미래인재 재능우수자	다대일	화공생명공학/ 기계공학	2014

1. 시험 방식

〈미래인재전형〉

1) 학과 교수님들과 인성면접을 10분간 진행한다.

2) 10분간 전임 입학사정관들의 질문에 답한다.

<학과면접실>   <입학사정관면접실>

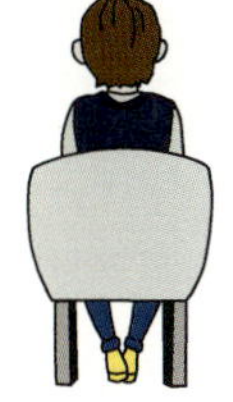

<재능우수자전형>

1) 면접대기실에 대기한다.

2) 면접실에서 7분 동안 제출한 자료에 대해 질문한다.

2. 면접 내용

<미래인재전형>

1) 인성면접

– 지원 동기

– 생활기록부에 기록된 대회(과학전람회) 질문

– 교과 관련 질문

• 광합성에 대해 설명해 보세요.

• 때가 제거되는 과정(계면활성제의 원리) 등에 대해 설명해 보세요.

• 분자의 운동에 대해 설명해 보세요.

2) 입학사정관 면접

– 자기소개서와 생활기록부에 기재된 활동 중심으로 질문

<재능우수자전형>

– 재능 우수 자료만 학과 전공과 관련지어 질문한다(예: 본인이 한 연구와 이 학과와의 연관 관계에 관해 이야기해 보시오).

3. Tip

미래인재전형에서 첫 번째 면접의 경우에는 교과 관련 질문을 많이 하므로 좋아하거나 잘하는 과목을 선택해서 사전에 Ⅱ까지 공부해야 하지만 심화된 내용을 물어보지는 않는다. 두 번째 면접의 경우에는 전임 입학 사정관들이 자기소개서와 생활기록부에 기재된 내용을 중심으로 물어보기 때문에 어렵지 않게 답할 수 있다 어려운 질문이 아니므로 무엇보다 '자신감'이 중요하다. 질문에 긴장하지 말고 자신감을 가지고 답하는 것이 중요하다. 재능우수자 전형에서는 제출한 자료와 학과와의 연관성에 대해 물어보기 때문에 제출한 자료와 전공과의 연관성에 대해 준비해야 한다.

49 KAIST

대학	계열	전형	방식	사례 학부(과)	연도
KAIST	자연	학교장 추천 일반전형	다대일	생명과학과/ 기계항공시스템학	2014

1. 시험 방식

1) 면접대기실에서 대기하다가 호명하면 면접실로 이동한다.

2) 준비실에서 30분간의 시간을 주고 제시된 수학과 과학 문제를 풀이한 후, 심층면접실로 이동하여 면접관 앞에서 15분간 풀이한 내용을 발표한다.

3) 심층면접이 끝나면 인성면접실로 이동하여 15분간 질문에 답한다.

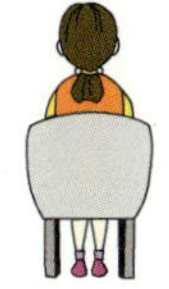

2. 면접 내용

1) 탐구역량 면접: 수학과 과학 교과 문제 출제

수학 문제의 경우 난이도가 매우 높음(큰 문제 하나에 소문항이 4개, 교수가 힌트를 줌)/과학 문제는 4개 과학과목 중에서 하나를 선택

〈2013년 문제 예시〉

– 수학 문제: 코시–슈바르츠 부등식 문제가 출제되었음.

　적분 문제가 출제되었음(그림만 보면 답이 나오는 정도였음).

– 물리 문제: 저울에 새장을 놔두었다. 새장 안의 새가 난다년 무게가 어떻게 되겠는가?

– 화학 문제: 화학Ⅱ 내용으로 산화·환원이 출제되었음.

– 생물 문제: 오페론 그래프를 그리고 설명하라는 문제가 출제되었음.

〈2014년 문제 예시〉

– 수학 문제: 확률 문제가 출제되었음.

　대칭 4차 방정식 문제가 출제되었음. 정석 난이도 정도로 생각함.

– 물리 문제: 상대속도 문제가 출제되었음(Vector의 차이를 구하는 정도로 생각함. 고1 내신 수준).

2) 인성면접

– 자기소개를 해 보시오.

– 학교소개를 해 보시오.

– 자신의 장단점에 관해 이야기해 보시오.

– 카이스트가 학생을 뽑아야 하는 이유에 대해 말해 보시오.

– 과학고등학교 학생에게 뒤처지지 않기 위한 노력을 말해 보시오.

– 맨홀 뚜껑이 둥근 이유에 대해 말해 보시오.

– 똑같이 생긴 자석과 쇠막대를 두 개만 이용해서 구분하는 방법은 무엇인가?

– 좋아하는 스포츠나 다룰 줄 아는 악기가 있는가? 취미는 무엇인가?

– 대학에 입학하면 꼭 하고 싶은 것에 관해 이야기해 보시오.

– 외국인에게 한국을 소개한다고 생각하고, 한국에 대해서 가장 소개하고 싶은
  점 3가지를 말해 보시오.

– 물이 가득 찬 병에 파리가 빠지면 무게는 증가할까, 감소할까?

– 봉사활동은 무엇을 했나? 하면서 무엇을 느꼈는가?

– 인간 복제에 대해 어떻게 생각하는가?

– 침팬지를 진화시켜 광산노동을 시키는 것에 대해 어떻게 생각하는가?

– 마지막으로 하고 싶은 말이 있으면 해 보시오.

3. Tip

2013년에 비해 2014년은 수학, 물리 문제가 쉬워 어렵지 않게 답할 수 있다. 정규교육과정의 수능 문제 준비로도 충분히 풀 수 있는 문제가 출제되어 어려움 없이 답할 수 있다. 2013년 이후 영어로 물어보는 질문이나 영어로 자기 소개하는 것을 전체적으로 금지하고 있어 영어면접을 준비할 필요는 없다. 2013년에는 집단토론면접이 있었으나 2014년에는 집단토론면접이 사라졌다. 따라서 대부분 자기소개서를 기반으로 질문을 많이 한다. 자기소개서에 연구 실적을 쓴 경우 연구에 대해서 설명해 보라고 하고 그에 대한 추가 질문을 하며, 봉사활동을 쓴 경우 무슨 활동을 하였는지, 대학에 진학해서도 봉사를 할 것인지, 과학자가 사회에 꼭 봉사를 해야 하는지 등을 질문한다. 또한, 학교 성적 중 특정 과목 성적이 낮을 경우, 왜 낮은지를 질문하기도 하고 학생의 진학 의지를 물어보는 질문을 많이 한다. 대개 평범하고 쉬운 질문이라 쉽게 답할 수 있어 면접을 통한 변별력은 별로 없는 듯하다.

대학	계열	전형	방식	사례 학부(과)	연도
POSTECH	자연	일반전형	다대일	기계공학과/ 신소재공학과/ 단일계열(무학과)	2014

1. 시험 방식

1) 면접대기실에서 대기하다가 호명하면 면접실로 이동한다.

2) 자기소개서와 생활기록부를 바탕으로 잠재력평가면접(인성)을 하고 전공적합
   성면접으로 수학, 과학 기본 개념을 묻는 면접형태로 진행된다.

〈잠재력평가 면접실〉 〈전공적합성 면접실〉

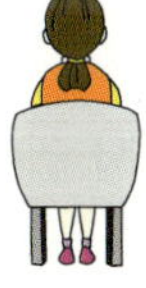

2. 면접 내용

〈기계공학과〉

– 공이 공기에서 물속으로 떨어질 때 받는 모든 힘을 서술하고 공의 속도 변화
  에 관해 서술하시오. [답: 공기 저항, 공기에 의한 부력, 물에 의한 부력, 조파
  저항, 마찰 저항, 중력 등, 속도 변화는 정량적(각종 공식 사용)으로 예측하는

정도]

– 트럭 위에 물체가 놓여 있고 트럭이 가속도 운동을 할 때 트럭 위 물체가 받는 힘과 그 힘이 한 일, 물체가 받는 마찰력과 그 마찰력이 한 일 등에 관해 서술하시오.

〈신소재공학과〉

– 서로 수직인 평면 벡터, 를 이용하여 를 나타내시오.

– 점(1, 2, 3), 점(2, 1, 1)을 지나는 직선을 z축을 축으로 시계 반대방향으로 90° 돌렸을 때 직선의 방정식은?

– 원자에서 전자 방출 방법 2가지를 설명하시오.

– Cu 원자에서 주양자수 1인 전자를 방출시키기 위한 (   )를 전자질량 m, 플랑크상수 h를 이용하여 구하시오.

– 빛의 속도 C, 플랑크상수 h를 이용하여 전자가 (   )할 때 (   )을 구하라.

– 입사각 θ, 산란각 α, 입자 사이의 거리 d를 이용하여 보강 간섭하기 위한 조건을 설명하시오.

– 다이아몬드, 흑연, 그래핀은 무슨 원소로 이루어져 있고, 각각의 특징은 무엇인가?

– 원자가 단단한 쇠 모양이라고 하고, a) 평면에서 원자 하나를 가장 많이 둘러싸고 있는 원자구조는? b) 공간에서 원자 하나를 가장 많이 둘러싸고 있는 원자구조는? c) 각각 몇 개가 둘러싸고 있는가? d) b)의 구조에서 입자 6개(위 3개, 아래 3개)는 정팔면체 구조이다. 원자 반지름을 a라 하고, 정팔면체 구조 안에 구(구의 반지름: r)를 넣는다고 가정할 때, a와 r의 관계는?

– NaCl의 구조를 이온 결합의 성질과 관련하여 설명하시오.

〈단일계열(무학과)〉

1) 수학

– 문제를 얼핏 보면 단순히 타원의 점을 원으로 옮기는 일차 변환이지만 문제를 잘 들여다보면 타원 전체를 원으로 옮기는 문제

– 반구의 그림자의 넓이 구하기. 반원의 단면에서 그림자를 내린 후 또 땅에 의

해 가려지는 부분을 빼야 하는 "약간의 함정"이 있는 문제

2) 화학

– 이온의 반지름 크기 배열(O^{2-}, F^-, Ne, Na^+, Mg^{2+} 배열)

– (Be, B)와 (N, O)의 이온화 에너지 크기를 비교하고, 그 이유를 설명하시오.

3. Tip

면접 전 역학에 관련된 공식들을 충분히 익혀 면접장에 들어가야 할 것이고, 문제를 풀기 위한 힌트를 지면 또는 칠판에 제시하므로 충분히 이용한다면 해결할 수 있는 문제가 출제된다고 한다. 이마저도 여의치 않을 경우, 면접관(교수)에게 질문하면 추가 힌트를 얻을 수 있다고 하니 포기하지 말고 끝까지 해결해야 좋은 성적을 거둘 수 있을 것이다.

51 POSTECH

대학	계열	전형	방식	시례 학부(과)	연도
POSTECH	자연	창의IT 인재전형	집단토론/ 다대다	창의IT융합공학과	2014

1. 시험 방식

1) 면접대기실에서 대기하다가 호명하면 면접실로 이동한다.

2) 자기소개서와 생활기록부를 바탕으로 잠재력평가면접(인성)을 하고 전공적합성면접으로 수학, 과학 기본 개념을 묻는 면접형태로 진행된다.

2. 면접 내용

– 여러분 나이 또래의 충녕대군(훗날 세종대왕으로 현재 신분은 세자)이 타임워프를 통해서 현대에 왔다. 여러분에게 유학과 제왕학이 몸에 밴 충녕대군을 IT가 일상화된 현실에 적응할 수 있도록 도와줘야 하는 임무가 주어졌다. 가장 잘 적응시키려면 여러분이 어떻게 역할 분담을 해서 도와줄 것인가?

– 달의 기지(지구에서 보이는 높은 지대에 위치함)로 가던 여러분의 우주선이 방금 기지로부터 200km 떨어진 곳에 불시착했다. 불시착으로 인하여 아래에 기술된 16가지의 아이템을 제외하고 우주선 안에 있던 모든 장비가 망가져 버렸다. 여러분의 생존은 기지까지 무사히 도달하는 것에 달려 있다(기지로부터 마중 나올 수 있는 인원은 없다). 생존에 중요한 순서대로 아래의 아이템들 중 일부를 챙겨 출발하려 한다(가다가 버려야 할 경우도 있다). 선택할 순위(가장 중요한 것 1번, 가장 필요 없는 것 16번) 및 얼마나 가져갈 것인가를 결정해야 한다. 의논 후, 그 결정 및 근거에 대하여 모든 그룹 멤버들이 (거의) 균등한 숫자의 아이템에 대하여 나누어 발표하시오.

아이템	순위/양	근거
성냥: 20갑(50알/갑)		
농축 식량: 1인 기준 10일 분량		
나일론 밧줄: 15m 5개		
낙하산 천: 2개 분량		
태양열 구동 휴대용 보온장치: 2개		
45구경 권총: 5자루(총알 200개)		
분말 우유: 5kg		
산소탱크: 2일 분량, 6개		
달 표면 지도: 1개		
자동 팽창하는 구명보트: 1개		
나침반: 1개		
물: 50 ℓ		
신호탄: 3개		
주사바늘 내장 구급약품 상자: 1개		
태양열 구동 FM 송수신기: 1대		
손수레: 1개		

3. Tip

창의력을 묻는 문제에 대해 그룹원들과 토의하여 답을 얻어 내야 한다. 정형화된 답이 아닌 충분한 근거를 들어 해결책을 제시해야 한다. 또한, 그룹 전원이 평가를 받기 때문에 그룹원과의 협동과 의사소통도 중요하지만 그룹 안에서 분명한 자기 역할도 부각시켜야 할 것이다.

대학	계열	전형	방식	사례 학부(과)	연도
DGIST	인문	미래면접 (학업우수자)	다대일	공통	2014

1. 시험 방식

1) 면접대기실에서 대기하다가 호명하면 면접실로 이동한다.

2) 에세이 작성과 개별 면접 두 가지로 이루어져 있는데, 에세이는 지정 주제를 알려주며 개별 면접은 자소서, 학생부 내용 중 편안하게 답할 수 있는 문항이 출제되었다.

2. 면접 내용

〈에세이 주제〉

세상을 좌우할 수 있는 것 중 DGIST의 교육철학과 인재상으로 기를 수 있는 것은 무엇이며, 이를 어떻게 활용할 것인가?

3. Tip

신설 학교에서는 학교 인재상, 교육 철학과 연계하여 이를 발전시킬 수 있는 방안에 대해 묻는 경향이 있는 듯하다. 면접 전 학교 홈페이지에 접속하여 교육철학, 인재상 등에 대해서 숙지할 필요가 있고 학과 홈페이지에 접속하여 교육과정, 게시판, 교수 소개 등에 대해서도 숙지할 필요가 있을 것이다. 위 대학의 경우 위 면접을 진행하기 전 학교 소개 동영상을 틀어 주었다고 한다. 동영상에서 소개하는 내용을 경청하여 면접에서 십분 활용했다는 이야기도 들을 수 있었는데 현장에서 접하는 정보도 그때그때 활용할 수 있는 만큼 면접 당일 집중력을 높인다면 도움이 될 것이다.

연번	대학	전형	연번	대학	전형
1	공주교육대학교	학업성적우수자	5	춘천교육대학교	글로벌인재전형
2	광주교육대학교	컴퓨터 영역	6	국군간호사관학교	일반전형
3	부산교육대학교	초등교직적성자	7	육군사관학교	일반전형
4	진주교육대학교	초등교직적성자	8	한국체육대학교	교과우수자

공주교육대학교

대학	계열	전형	방식	사례 학부(과)	연도
공주교육대학교	공통	학업성적우수자	다대일	초등교육	2014

1. 시험 방식

1) 면접대기실에 대기하다가 호명되면 면접실로 이동한다.

2) 면접실로 이동하여 5분간 개인별로 심층면접을 한다.

2. 면접 내용

- 고려 시대 때 제작되었던 불상이 최근 일본에서 우리나라로 밀반입되었다. 이 불상을 일본에 돌려줘야 하는가?
- 사춘기 학생들에게 발생하는 문제와 그에 대한 해결 방안에 관해 말해 보시오.

3. Tip

5분간의 짧은 면접이 진행되기 때문에 두 가지 질문 이외에 다른 질문은 하지 않는다. 자신이 가지고 있는 생각을 자신감 있게 말하는 태도가 중요하다. 면접 준비를 위해 따로 공부할 필요는 없다.

2 광주교육대학교

대학	계열	전형	방식	사례 학부(과)	연도
광주교육대학교	공통	컴퓨터 영역	다대일	초등교육	2014

1. 시험 방식

1) 면접대기실에 대기하다가 호명되면 면접실로 이동한다.

2) 면접실로 이동하여 심층면접을 한다.

2. 면접 내용

– 스마트 교육이란 무엇인가?

– 사용해 봤던 애플리케이션 중에서 가장 좋았던 것은?

– 교사가 되었을 때 제자가 게임 관련 애플리케이션을 개발한다고 온종일 핸드

폰만 보고 있다면 어떻게 할 것인가?

– 어떤 성향의 학생이 왕따를 당하는 것 같은가?

– 넷세대(net generation)의 특징 중 학생이 가장 공감하는 것은?

– 부모님은 넷세대라고 생각하는가?

– SNS의 장점과 단점에 대해 말해 보시오.

– 카카오톡과 페이스북의 차이점을 말해 보시오.

3. Tip

컴퓨터 영역이라 컴퓨터 활용 질문이 많은 것을 제외하고는 일반 면접과 동일하다. 교육대학교 특성에 맞게 학생지도에 대한 질문이 있으므로 자신이 학생 신분이 아닌 교사라고 생각하고 질문에 답하면 된다.

3 부산교육대학교

대학	계열	전형	방식	사례 학부(과)	연두
부산교육대학교	공통	초등교직적성자	집단토론/ 다대일	초등교육	2014

1. 시험 방식

1) 집단토론면접실에서 한 가지 문제에 대해 15분 동안 생각한 후 B4 용지에 정리해서 3분씩 발표대에 서서 발표한다. 각자의 발표를 듣고 '의무 상호 질문'을 한 후 자유토론 형식으로 진행되며 총 소요 시간은 50분이다.

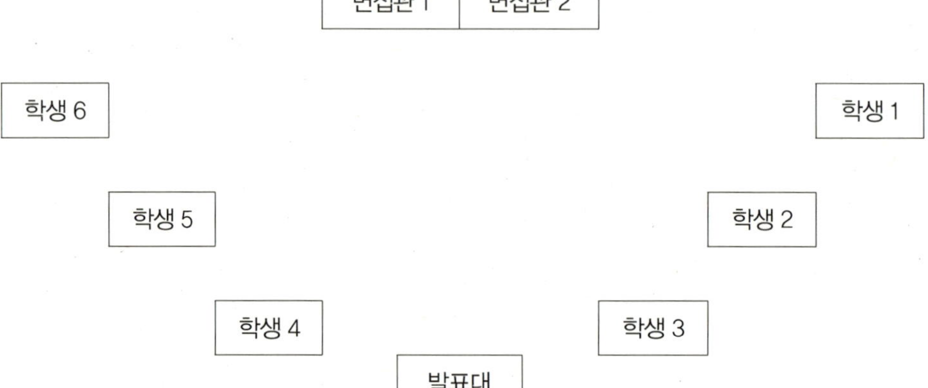

2) 면접실에서 10분간 개인별로 심층면접을 한다.

2. 면접 내용

1) 집단토론 문제

– 초등학교 화장실 청소를 학생이 해야 하는가, 아니면 용역업체를 불러서 해야
   하는가에 대한 자신의 입장을 밝히고 이에 대한 근거를 이야기해 보세요.

2) 교직 적·인성(개인 심층면접)

- 친구들과 싸운 적이 있는가? 있다면 어떻게 해결했는가? 그리고 그것을 통해
  자신의 성장점은 무엇인가?
- 왜 부산교육대학교에 지원했는가? 생활기록부에 기재된 장래 희망은 왜 바뀌
  었는가?
- 자기소개서에 ○○○라고 적었는데 이에 대해 설명해 보시오.

3. Tip

집단토론 방식은 다른 대학에서 쉽게 찾아볼 수 없는 방식이다. 집단토론 방식
에서는 튀지 않으면서도 자신을 드러낼 수 있는 기교가 필요하다. 또한, 상대방의
의견을 최대한 경청하면서 반론하여 토론이 원활하게 진행될 수 있도록 해야 한다.
교육대학교를 준비하는 학생이라면 발표연습뿐만 아니라 판서 연습도 필수적이다.
심층면접은 자기소개서를 중심으로 질문히기 때문에 자기소개서를 작성할 때부터
이에 대비하는 것이 중요하다. 생활기록부에 기록된 장래 희망이 다를 경우 이에
대한 질문에 답할 수 있도록 준비해야 한다.

4 진주교육대학교

대학	계열	전형	방식	사례 학부(과)	연도
진주교육대학교	공통	초등교직적성자	집단토론/ 다대일	초등교육	2014

1. 시험 방식

1) 개인면접을 15분간 실시한다.

2) 적·인성 검사를 실시한다.

3) 과제 쓰기를 50분간 실시한 후 집단 토의를 50분간 실시한다.

2. 면접 내용

– 지원 동기를 말해 보시오.

– 생활기록부를 보면 급식간담회에 참여했다고 되어 있던데 그래서 실과교육과
에 지원했나? 자신이 교사가 되었을 때 학교 급식을 거부하거나 편식을 하는

학생들이 있다면 어떻게 지도할 것인지 말해 보시오.

- 다른 대학교에는 어디에 지원하였는가?

- 부산교육대학교와 여기를 동시에 붙으면 어디에 갈 것인가?

- 다문화가정의 학생들은 어떻게 가르칠 것인가요?

- 가장 기억에 남는 책이 무엇인가?

- 가장 기억에 남는 선생님과 수업방법은 무엇이었나?

3. Tip

개인면접과 적·인성검사, 과제 쓰기 및 집단토의는 모둠별로 다른 순서로 진행된다. 집단 면접을 할 때에는 자신의 의견을 말할 기회를 가질 수 있도록 노력하는 것이 중요하다. 또한, 누구나 할 수 있는 답보다는 창의적인 대답에 면접관들이 관심을 가지므로 창의적인 아이디어를 말할 수 있도록 노력하는 것이 좋다.

5 춘천교육대학교

대학	계열	전형	방식	사례 학부(과)	연도
춘천교육대학교	공통	글로벌인재전형	집단토론/ 다대일	초등교육	2014

1. 시험 방식

1) 면접대기실에서 대기하다가 개인면접실로 이동하여 질문지 두 개 중에서 하나를 선택해서 질문에 답한다. 질문지 답변 이후에는 자기소개서를 바탕으로 한 간단한 질문에 답한다.

2) 다시 면접대기실에서 대기하다가 집단토론실로 이동하여 10분간 찬반 의견을 적은 후 토의를 실시한다. 제비뽑기를 통해 찬성과 반대팀을 뽑아서 토론한다.

※ 모둠별로 1)과 2)의 순서가 바뀔 수 있다.

〈개인면접〉

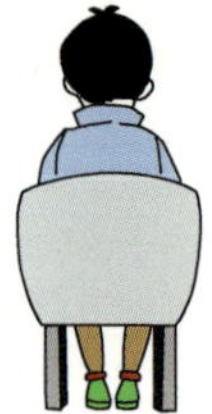

2. 면접 내용

1) 집단 토론

- 대학 캠퍼스 내 음주를 규제하는 법안에 대한 찬반토론

- 화학적 거세 방안에 대한 찬반토론

2) 개별 면접

- 수업시간 비어나 속어, 은어 등을 사용하는 교사의 수업 방식에 대해서 어떻게
  생각하는가?
- 지원 동기에 대해 말해 보시오.
- 인생에서 가장 힘들었던 일을 말해 보시요.

3. Tip

집단토의에서는 자신의 이야기를 조리 있게 하는 것도 중요하지만 상대 팀의 의
견을 경청하는 태도도 심사기준이 되므로 토론에 임하는 태도도 중요하다. 개별 면
접에서는 두 개의 질문 중에서 하나를 택해서 답을 하는데 이 질문을 제외하고는
자기소개서와 생활기록부를 바탕으로 질문이 이루어지므로 당황하지 말고 자신감
있는 태도로 답을 하면 된다.

6 국군간호사관학교

대학	계열	전형	방식	사례 학부(과)	연도
국군간호사관학교	공통	일반전형	다대일	공통	2014

1. 시험 방식

1) 면접대기실에서 대기하다가 한 명씩 면접실에 입장한다.

2) 1분과에서는 자기소개서를 바탕으로 인성에 대해 질문하고 답한다.

3) 2분과에서는 생활기록부를 바탕으로 질문하고 군사용어에 대한 질문에 답한다.

4) 3분과에서는 영어, 자세, 건강에 대해 질문하고 답한다.

※ 분과마다 4명의 군복을 입은 면접관이 있고 3분과에서는 원어민이 영어로 질
  문한다.

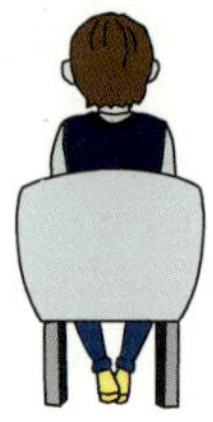

2. 면접 내용

1) 1분과

〈사례 1〉

– 살면서 힘들었던 것이 있는지, 있다면 어떻게 극복하였는가?

– 지원한 이유는 무엇인가?

– 규율이 엄격한데 괜찮은가?

– 어떤 인생을 살고 싶은가, 그게 가능할 것으로 생각하는가?

〈사례 2〉

– 친구 두 명을 자랑해 보시오. 그 두 명이 학생을 좋아하는 것 같은가?

– 여기는 누가 추천했는가?

– 나중에 어떤 삶을 살고 싶으며 그것을 위해 어떤 노력을 하고 있는가?

2) 2분과

〈사례 1〉

– 우리나라 국가 안보에 위협을 주는 나라는 어디인 것 같나? 그 이유가 무엇인가?

– 6 · 25란 무엇인가?

– 친구 고민을 많이 들어준다고 심리 검사에 답했는데 이유는 무엇인가?

– 봉사활동 한 것 중에서 하나를 이야기해 보고, 봉사활동의 장점을 말해 보시오.

〈사례 2〉

– 자신의 장점이 무엇이라고 생각하는가?

– DMZ에 대해 설명해 보시오.

3) 3분과

〈사례 1〉

질문하기 전에 선을 따라 걸어 보고 한글 지문을 크게 읽어 보라는 지시에 따른다.

– 건강은 이상 없는가?

– 수술한 적은 있는가?

– 생도들을 봤을 때 자신과 비교해서 어떤 것 같은가?

(원어민)

– Try to describe the bedroom.

– What do you think about smoking?

〈사례 2〉

– 성격이 원래 밝은 편이가?

– 합격하면 4년 동안 함께 생활할 건데 싫은 동기가 있으면 어떻게 할 것인가?
  본인의 감정을 솔직하게 말할 용기가 있나?

– 규율이 엄한데 자꾸 어기는 친구가 있다면 어떻게 할 것인가?

(원어민)

– Try to describe the bedroom.

– Try to talk about the book recently read.

3. Tip

사관학교이므로 절도 있는 자세와 태도가 필요하다. 2분과에서 군사 관련 질문은 면접관이 군인 신분이고 그 분야에서는 전문가이므로 아는 만큼만 이야기하고 솔직하게 이야기해야 한다. 면접 전에 심리검사를 실시하는데 심리검사 때 체크한 내용 중에 특이 사항에 대해서도 질문을 하므로 심리검사에도 신중을 기해야 한다. '신문을 본다'라고 체크하면 원어민이 최근에 관심 있게 본 기사에 관해 이야기해 보라는 식의 질문을 하므로 신중하게 생각해서 체크해야 한다. 면접과 함께 체력검사에 대비해서 틈틈이 체력관리를 해 두는 것도 중요하다. 시사적인 질문도 나오기는 하지만 누구나 알 수 있는 큰 사건에 대해서만 질문하므로 따로 시사문제에 대한 공부는 하지 않아도 된다.

7 육군사관학교

대학	계열	전형	방식	사례 학부(과)	연도
육군사관학교	공통	일반전형	다대일	공통	2014

1. 시험 방식

1) 면접대기실에서 대기하다가 한 명씩 면접실에 입장한다.

2) 1분과에서는 4명의 면접관들과 약술면접을 실시한다.

3) 2분과에서는 5명의 면접관들이 성장환경/자기소개서를 바탕으로 평가한다.

4) 3분과에서는 3명의 면접관들이 심리검사를 실시한다.

5) 4분과에서는 1명의 면접관이 개별 면접을 실시한다.

※ 집단토론과 적성검사도 실시한다.

2. 면접 내용

1) 약술면접

- 시험에서 '우리는 나라를 지키는 방법에 대해 생각해 봐야 한다'고 했는데 무슨 의미인가?
- 천안함 사건은 누가 일으켰다고 생각하는가?
- 천안함이 정부의 조작이라고 주장하는 세력이 있는데 이 주징 중에시 이는 것이 있는가?

2) 성장환경/자기소개서

- 수상 경력이 화려한데, 이 상을 받을 만하다고 스스로 생각하는가?
- 김좌진 위인전을 읽었다고 되어 있는데 몇 번이나 읽었나?
- 장교가 되면 이사를 많이 하는데 지원자의 의지는 확고한가?

3) 심리검사

- 자신의 성격의 장점과 단점을 이야기해 보시오.
- 물건을 잘 잃어버리는 편인가요?
- 리더십이 있는 것 같은데 어떤가?
- 마라톤 대회에 나간 경험이 있는데, 기록이 어떠했나?
- 마음에 담아 두는 성격인가?

4) 개별 면담

– 어디에서 왔나?

– 요즘 사관학교에서 발생한 문제에 대해 어떻게 생각하는가? 그러면 그 문제를
해결하기 위해 어떻게 하는 것이 좋을지 의견을 말해 보시오.

3. Tip

사관학교이므로 절도 있는 자세와 태도가 필요하다. 목소리는 최대한 자신감 있
게 하도록 해야 한다. 사관학교라 군사적인 문제와 국가안보에 대한 문제를 묻는
것을 제외하고는 일반 대학의 면접과 유사하다.

8 한국체육대학교

대학	계열	전형	방식	사례 학부(과)	연도
한국체육대학교	공통	교과우수자	다대일	특수체육교육과	2014

1. 시험 방식

1) 면접대기실에서 대기하다가 한 명씩 면접실에 입장한다.
2) 8분간 면접관의 질문에 답한다.

2. 면접 내용

- 장애인에 대한 사회 인식이 어떤 것 같은가?

- 패럴림픽이란 무엇인가?

- 특수체육교육과와 일반 체육교육과의 차이점이 무엇이라 생각하는가?

3. Tip

8분간 면접하는 동안 학과 특성에 대한 질문이 이어진다. 따라서 학교 홈페이지에서 학과의 정보나 전공에 대한 기본 지식을 익히고 면접에 임해야 한다.

연번	대학	전형	연번	대학	전형
1	가천대학교	실기우수자	9	동아대학교	특기자
2	경성대학교	실기특별전형	10	서울대학교	일반전형
3	경희대학교	일반전형 실기우수자	11	서울여자대학교	실기우수자
4	경북대학교	AAT 예체능	12	성신여자대학교	실기우수자
5	계명대학교	일반전형 실기우수자	13	영남대학교	일반학생
6	대구대학교	일반전형	14	울산대학교	특기자 일반전형
7	대구가톨릭 대학교	일반전형	15	이화여자대학교	이화글로벌인재
8	동덕여자대학교	일반전형			

대학	계열	전형	방식	사례 학부(과)	연도
가천대학교	예체능	실기우수자	실기	연기예술	2014

1. 연기 1분

2. 특기 1분

3. 질의응답

– 연기가 아쉬웠나요?

– 연기 준비는 몇 년했나요?

– 인문계 고등학교 학생인가요?

4. Tip: 무대로 걸어 들어가는 것부터 채점되므로 당당하게 입장하고, 연기와 특기가 50% 비중이기 때문에 특기를 사전에 철저히 준비해야 한다.

대학	계열	전형	방식	사례 학부(과)	연도
가천대학교	예체능	실기우수자	실기	연기예술	2013

1. 1단계

– 연기 1분

– 특기 1분

– 질의응답

2. 2단계

– 즉흥 상황 연기

– 지정연기: 손톤와일더의 '우리 읍내', 함세덕의 '동승' 중 택 1

3. Tip: 2단계에서는 총 40분의 연습시간을 주기 때문에 너무 많은 연습은 지치게 한다. 따라서 자신이 잘 컨트롤하는 것이 중요하다.

대학	계열	전형	방식	사례 학부(과)	연도
경성대학교	예체능	실기특별전형	실기	공예학과	2014

1. 사고의 전환(2절)

2. 주제: 실기 날짜에 따라 다른 주제 제시

– 겨울철 스포츠를 역동적으로 표현하시오.

– 어항과 금붕어로 인간과 어울림을 표현하시오.

– 생명존중을 표현하시오.

3. 시험시간: 5시간

4. 재료: 2절지, 파란색 4절

5. Tip: 5시간 동안 시험을 쳐야 하므로 물과 간단한 간식을 준비하는 것이 좋다.

대학	계열	전형	방식	사례 학부(과)	연도
경성대학교	예체능	실기특별전형	실기	관현학과(플루트)	2014

1. 주제: 자유곡 1곡 중 빠른 1악장 연주

2. Tip: 시험장에서 동영상 촬영을 하느라 너무 밝은 느낌이 나서 연주에 집중하기 힘들지만 집중해서 연주하는 것이 필요하다.

대학	계열	전형	방식	사례 학부(과)	연도
경성대학교	예체능	실기특별전형	실기	연극영화	2014

1. 제시된 대사를 10분간 연습한 후 시험장에 입실해서 대사를 한다.

2. 자유연기

3. 특기 실연

4. Tip: 무대에는 조명이 밝아 면접관들이 잘 보이지 않는다. 떨지 않고 침착하게 하는 것이 중요하다.

대학	계열	전형	방식	사례 학부(과)	연도
경성대학교	예체능	실기특별전형	실기	시각커뮤니케이션	2013

1. 발상과 표현

2. 주제: 네온사인으로 빛나는 화려한 도시의 밤을 디자인하시오.

3. Tip: 시험시간은 4시간으로 책상 4개를 붙여 그 위에 화판을 올려 시험을 친다.

3 경희대학교

대학	계열	전형	방식	사례 학부(과)	연도
경희대학교	예체능	일반전형	실기	산업디자인	2014

1. 주제: 꿀벌과 핸드폰의 특징을 아이디어 스케치 및 컬러링하시오.

2. 시험시간: 3시간

3. 특이사항: 사고와 소묘는 없고 발상만 하면 된다.

4. Tip: 경희대학교는 패턴보다는 아이디어를 중요시하므로 다양한 그림을 그려보는 것이 좋다.

대학	계열	전형	방식	사례 학부(과)	연도
경희대학교	예체능	실기우수자	실기	의류디자인	2014

1. 주제: 천연자연광물을 이용하여 미래적 공간을 아이디어 스케치 및 컬러링하
   시오.

2. 시험시간: 3시간

3. Tip: 3시간이 짧게 느껴지므로 완성하는 데 신경을 써야 한다.

대학	계열	전형	방식	사례 학부(과)	연도
경희대학교	예체능	일반전형	실기	산업디자인	2013

1. 주제: 동물을 이용하여 미래 교통수단을 고안하여 현대화하는 디자인 및 컬러
   링하시오.

2. 시험시간: 3시간

3. 특이사항: 사고와 소묘는 없고 발상만 하면 된다.

4. Tip: 오전반에는 '도시와 가을 이미지를 디자인 및 컬러링하시오'라는 주제가
   출제되었다. 총 시험시간이 3시간밖에 되지 않으므로 채색시간이 부족하다.
   경희대학교는 다양한 시점을 좋아하므로 이에 맞도록 표현해야 한다.

4 경북대학교

대학	계열	전형	방식	사례 학부(과)	연도
경북대학교	예체능	AAT 예체능	실기	시각정보디자인	2013

1. 주제: 시계를 이용하여 '나의 꿈'을 표현하시오.

2. 시험시간: 5시간

3. Tip: 발상보다는 사고의 전환이 잘 출제된다. 경북대학교는 최저 등급이 있으
   므로 이에 유의해야 한다.

대학	계열	전형	방식	사례 학부(과)	연도
계명대학교	예체능	일반유형	실기	체육학	2014

1. 핸드볼 던지기

2. 100m 달리기

3. Tip: 핸드볼 공은 왁스 처리한 공과 처리하지 않은 공을 골라서 던질 수 있다. 100m 달리기는 출발점에 센서가 있어서 자유 출발한다.

대학	계열	전형	방식	사례 학부(과)	연도
계명대학교	예체능	실기우수자	실기	산업디자인	2014

1. 사고의 전환(2절지)

2. 시험시간: 5시간

3. 주제: 제시물(비닐우산)로 우주 미래도시를 디자인하시오.

4. 재료: A4용지보다 약간 큰 연습용 종이 1장, 2절지, 소묘 제시물 사진, 주제 종이, 물감, 드라이기

5. Tip: 홈페이지에 문제은행이라고 50여 개의 제시물 사진과 예상 주제 4개씩이 올려져 있다. 경우의 수가 200개라 많아 보이지만 대강 아이디어를 생각해서 연습해 보면 좋다. 학생부 20%, 실기 80%이므로 실기에서 좋은 성적을 받는 것이 중요하다.

대학	계열	전형	방식	사례 학부(과)	연도
계명대학교	예체능	실기우수자	실기	연극예술	2014

1. 제시된 대사를 10분간 연습한 후 시험장에 입실해서 대사를 한다.

2. 자유연기

3. 특기 실연

4. Tip: 떨지 않고 침착하게 하는 것이 중요하다.

대학	계열	전형	방식	사례 학부(과)	연도
계명대학교	예체능	실기우수자	실기	피아노	2014

1. 에튀드 연주

2. 이동해서 자유곡 연주

3. Tip: 피아노와 심사위원과의 사이가 너무 가까워서 심리적 부담을 느낄 수 있다. 따라서 심사위원을 너무 신경 쓰지 말고 침착하게 연주해야 한다.

6 대구대학교

대학	계열	전형	방식	사례 학부(과)	연도
대구대학교	예체능	일반전형	실기	체육학	2014

1. 좌전굴

2. 제자리멀리뛰기

3. Z런

4. Tip: 조별로 순서가 다르다. Z런은 만점 기준이 낮아 만점자가 많아서 변별력이 별로 없고, 좌전굴은 만점 기준이 높아서 좌전굴에서 변별력이 크게 나타난다.

대학	계열	전형	방식	사례 학부(과)	연도
대구대학교	예체능	일반전형	실기	산업디자인	2014

1. 주제: 파프리카(빨강, 노랑)와 식칼을 이용하여 단절과 소통을 표현하시오.

2. Tip: 예전의 주제는 운송수단, 건축물, 미래도시 등이었는데 주제가 달라져도 당황하지 않아야 한다. 완성도와 밀도가 높아야 한다.

7 대구가톨릭대학교

대학	계열	전형	방식	사례 학부(과)	연도
대구가톨릭대학교	예체능	일반전형	실기	디지털디자인/ 귀금속 주얼리	2014

1. 주제: 책을 활용하여 평화로움을 나타내시오. (사고의 전환)

2. Tip: 홈페이지에 제시물이 각각 10개씩 제시된다. 따라서 100개의 조합을 나름대로 구상해서 연습해야 한다.

〈예상주제〉

– A 소재 10개: 열쇠, 타이어, 책, 나사, 우산, 손목시계, 장갑, 모자, 선글라스, 스마트폰

– B 주제 10개: 가벼움, 즐거움, 강인함, 슬픔, 따뜻함, 놀라움, 만족, 행복, 부드러움, 평화로움

대학	계열	전형	방식	사례 학부(과)	연도
대구가톨릭대학교	예체능	일반전형	실기	산업디자인	2014

1. 주제: 바이올린을 활용하여 기쁨을 표현하시오.

2. Tip: 홈페이지에 제시물이 각각 10개씩 제시된다. 따라서 100개의 조합을 나름대로 구상해서 연습해야 한다.

<예상주제>

- A 소재 10개: 자전거, 자동차, 바이올린, 주전자, 안경, 야구글러브, 카메라, 운동화, 호두, 선풍기
- B 주제 10개: 산업, 편안함, 기쁨, 유행, 전통, 오래된, 디지털, 미래, 사랑, 추억

대학	계열	전형	방식	사례 학부(과)	연도
대구가톨릭대학교	예체능	일반전형	실기	피아노	2014

1. 에튀드 연주

2. 이동해서 자유곡 연주

3. Tip: 피아노가 가벼우므로 익숙해지기 위해서는 연습시간 20분을 충분히 활용해야 한다. 수험생에 비해 연습실 수가 부족하므로 연습시간이 주어지면 빨리 연습실을 차지해야 한다.

8 동덕여자대학교

대학	계열	전형	방식	사례 학부(과)	연도
동덕여자대학교	예체능	일반전형	실기	패션디자인	2014

1. 발상의 전환: 소묘는 없고, 제시물만 있다.

2. 주제: 헤드셋−세대공감

3. Tip: 체육관 바닥에서 실기를 하는데 시험장 분위기는 일반대회보다 훨씬 더 긴장감이 감돈다.

대학	계열	전형	방식	사례 학부(과)	연도
동덕여자대학교	예체능	일반전형	실기	실내디자인	2013

1. 주제: 종이비행기와 모바일 세상(4절지)

2. 시험시간: 4시간

3. Tip: 동덕여자대학교 합격 작품들은 깔끔하게 예쁜 그림을 선호하므로 채색에 신경을 써서 깔끔하게 채색하는 것이 좋다.

9 동아대학교

대학	계열	전형	방식	사례 학부(과)	연도
동아대학교	예체능	특기자	실기	산업디자인	2013

1. 주제: 제시물(돋보기)의 형태와 용도를 이용해 바닷가의 휴식 공간을 디자인하시오.

2. 시험시간: 5시간

3. 재료: 2절 크기의 얇은 종이, A4용지, 2절지

4. Tip: 소묘에서 많은 시간을 소요해서 디자인을 완성하지 못하면 불합격되므로 시간 내에 완성할 수 있도록 하는 것이 중요하다.

10 서울대학교

대학	계열	전형	방식	사례 학부(과)	연도
서울대학교	예체능	실기포함전형	실기	디자인	2014

1. 2절을 접어서 한쪽은 A, 나머지 한쪽은 B로 표시한다.
 - A: 자신의 얼굴을 그리시오. (관찰력, 묘사력, 자기표현능력)
 - B: 3가지 관점으로 의자를 그리고 설명하시오. (사고력, 상상력, 창의력, 표현력)

2. 장소 및 시험시간: 일산 킨텍스, 4시간

3. Tip: 시험장에서 많은 인원이 함께 시험을 친다.

대학	계열	전형	방식	사례 학부(과)	연도
서울대학교	예체능	일반전형	실기	공예	2014

1. 문제: 지문을 읽고 '비슷하면서도 다른' 나와 그의 머그잔을 각각 다른 시점으로 그리시오.

2. 재료: 8B 연필, 지우개

3. 평가의도: 이해력, 관찰 및 표현력, 조형능력, 연출력

4. 시험시간: 1시간 30분

대학	계열	전형	방식	사례 학부(과)	연도
서울대학교	예체능	일반전형	실기	공예	2013

1. 문제

– 일치단결에 대하여 다음 단어를 참고하여 표현하시오.

[구부리다, 엉키다, 단단히 모여 하나가 되다]

– 근주자적 금묵자흑에 대하여 손을 이용하여 표현하시오.

– 청출어람에 대하여 표현하시오.

2. 재료: 검은색 · 파란색 · 노란색 · 흰색 · 빨간색 색연필, 적 · 청 · 흑 볼펜, 미술용 지우개

3. Tip: 4시간 이내에 3개의 문제를 해결해야 한다. 문제의 조건에 충실해야 하고 참신한 아이디어를 산출할 수 있도록 노력해야 한다. 첫 번째 문제의 평가기준은 관찰력, 입체력, 사고력, 재료활용능력이고, 두 번째 문제의 평가기준은 관찰력, 소묘력, 주제연출능력이다. 마지막으로 세 번째 문제의 평가기준은 독창적 사고력이다.

11 서울여자대학교

대학	계열	전형	방식	사례 학부(과)	연도
서울여자대학교	예체능	실기우수자	실기	시각디자인	2014

1. 주제: 카트를 이용하여 현대인의 삶을 표현하시오.
2. Tip: 스토리가 있는 그림 위주로 그리는 것이 유리하다.

대학	계열	전형	방식	사례 학부(과)	연도
서울여자대학교	예체능	실기우수자	실기	시각디자인	2013

1. 카메라 사실 묘사
2. '카메라'를 이용해 친구와 즐거운 여행을 표현하시오.
3. 시험시간: 4시간
4. Tip: 실기가 100% 실시되므로 경쟁률이 높은 편이다. 소묘하는 것과 컬러링하는 시간을 잘 분배해서 작품이 완성될 수 있도록 해야 한다.

12 성신여자대학교

대학	계열	전형	방식	사례 학부(과)	연도
성신여자대학교	예체능	실기우수자	실기	공예	2013

1. 디지털카메라를 소묘하시오(그림자, 배경 제외).
2. 디지털카메라의 형태, 용도를 이용하여 친환경 자동차를 디자인하시오.
3. Tip: 4시간 동안 4절지 2장에 각각 1, 2항목을 표현해야 한다.

대학	계열	전형	방식	사례 학부(과)	연도
성신여자대학교	예체능	실기우수자	실기	산업디자인	2013

1. 제시물: 의자

2. 주제: 제시물을 연필묘사하고 제시물의 다른 용도를 디자인하시오. (사고의
   전환)

3. Tip: 종이는 각각 4절지가 제공되는데 종이 크기에 비해 시간이 부족하므로
   시간 내에 끝낼 수 있는 연습이 필요하다.

대학	계열	전형	방식	사례 학부(과)	연도
성신여자대학교	예체능	실기우수자	실기	미디어영상연기	2013

1. 지정연기: 시험 당일 학교에서 제시된 대사

2. 자유연기: 수험생이 자유롭게 준비한 한 개의 독백

3. Tip: 지정과 자유연기를 포함해서 2분간의 시간 제약이 있다. 2분 이내에 모
   든 것을 끝내야 한다.

13 영남대학교

대학	계열	전형	방식	사례 학부(과)	연도
영남대학교	예체능	일반학생	실기	산업인터랙션디자인/ 모바일 영상디자인	2014

1. 주제

– 오전: 색연필과 종이로 자유 발상을 하시오.

– 오후: 제시물(줄자)의 다양한 조형요소를 가지고 IT 강국 한국의 이미지를 표

현하시오.

2. 시험시간: 5시간

3. Tip: 사전에 15가지 정도의 제시물을 정해 놓기 때문에 모든 제시물을 연습해 보는 것이 중요하다.

대학	계열	전형	방식	사례 학부(과)	연도
영남대학교	예체능	일반학생	실기	시각커뮤니케이션	2013

1. 제시물의 사진을 보고 소묘와 디자인을 완성

2. 주제: 신문을 이용하여 희로애락을 표현하시오. (사고의 전환)

3. 시험시간: 5시간

4. Tip: 영남대학교는 소묘를 많이 보기 때문에 디자인을 잘해도 떨어질 위험이 있다.

14 울산대학교

대학	계열	전형	방식	사례 학부(과)	연도
울산대학교	예체능	특기자	다대일	시각디자인	2014

1. 면접

- 페이스북과 청바지가 왜 좋은 디자인이라고 생각하는가?

- 사용자 중심의 디자인에 대해 설명하고 예를 드시오.

2. Tip: 전공 적성이라 간단한 질문과 답변으로 진행되며 실기는 없다.

대학	계열	전형	방식	사례 학부(과)	연도
울산대학교	예체능	일반전형	실기	동양화	2014

1. 주제: 가상현실

2. Tip: 정물 소묘와 발상을 같이 친다. 주제는 하나이기 때문에 어렵지 않다.

대학	계열	전형	방식	사례 학부(과)	연도
울산대학교	예체능	일반전형	실기	스포츠과학	2014

1. 핸드볼 던지기

2. 제자리멀리뛰기

3. Z런

4. Tip: Z런에서는 검은색 테이프가 붙어 있는데 발을 맞추지 않으면 파울이다.

15 이화여자대학교

대학	계열	전형	방식	사례 학부(과)	연도
이화여자대학교	예체능	이화글로벌인재	다대일	디자인	2013

1. 제시물: A4용지, 액자이미지

2. 문제

– 주어진 용지로 종이비행기를 접는 양손을 그리시오(배경은 허용이 안 되고 그림자는 허용).

– 임재범의 노래 '비상'의 가사를 읽고 비눗방울, 제시된 액자 이미지, 종이비행기를 이용해서 그 감상을 표현하시오.

3. 시험시간: 5시간

4. Tip: 문제를 잘 분석해서 표현하는 것이 중요하다.

명문대가 뽑아주는

대입 면접의 모든 것

초판발행　2014년 8월 11일
초판 4쇄　2019년 1월 11일

지은이　박종석 · 김철종 · 민재식 · 조희종
펴낸이　채종준
기　획　조가연
마케팅　황영주

펴낸곳　한국학술정보(주)
주　소　경기도 파주시 회동길 230 (문발동 513-5)
전　화　031) 908-3181(대표)
팩　스　031) 908-3189
홈페이지　http://ebook.kstudy.com
E－mail　출판사업부　publish@kstudy.com
등　록　제일산-115호(2000.6.19)

ISBN　978-89-268-6461-6 13370

이담 Books 는 한국학술정보(주)의 지식실용서 브랜드입니다.

이 책은 한국학술정보(주)와 저작자의 지적 재산으로서 무단 전재와 복제를 금합니다.
책에 대한 더 나은 생각, 끊임없는 고민, 독자를 생각하는 마음으로 보다 좋은 책을 만들어갑니다.